GEORG A. WETH · KAISERSTUHL DIE KRÖNUNG EINES LEBENSSTILS

GEORG A. WETH

KAISERSTUHL

DIE KRÖNUNG EINES LEBENSSTILS

er Kaiserstuhl ist landschaftlich eines der
önsten u. gesegnetsten Gebiete, nicht nur
nserer badischen Heimat, sondern weil darüber
inaus, besonders im Frühling, zur Zeit der
Obstbaumblüte kommen jährlich Tausende Men=
schen von nah u. fern um sich an dem herrlichen
Blütenwunder zu erfreuen, neue Kraft zu
holen für den Alltag

BREISACH.

INHALT

Der Autor Georg A. Weth, der in Endingen am Kaiserstuhl zu Hause ist, im Gespräch mit der 97-jährigen Nachbarin Maria Lederle.

Weth schrieb bisher 30 Bücher. u.a. in der Serie „Inselmärchen der Welt" die Werke „Märchentraum Ibiza", Märchentraum der Karibischen Inseln" und „Märchentraum der Ostfriesischen Inseln".

Er beschäftigte sich sehr mit Salvador Dalí und schrieb die Bücher „Dalí-Land", „Salvador Dalís Katalanische Küchenträume" sowie das erste Dalí Anekdotenbuch „Wie Dalí entdeckte, dass er nicht gestorben war". Viel Beachtung schenkte man seiner Heinz Rühmann Biografie „Lebensrezepte eines unsterblichen Optimisten". Weth war mit dem großen Schauspieler befreundet. Der Autor schrieb auch das erste Marlene Dietrich Kochbuch unter dem Titel „Ick will wat Feinet".

Einige seiner Bücher kamen in die Bestsellerlisten und wurden ins Englische, Koreanische, Polnische und Spanische übertragen.

Auch als Bühnenautor machte sich Georg A. Weth einen Namen. 20 klassische Märchendramatisierungen stammen aus seiner Feder. Vier Musicals „Der Struwwelpeter", „Till Eulenspiegel", „Robin Hood" und „Münchhausen" fanden auf deutschen Bühnen großen Anklang.

Das Stadt-Erlebnis-Spiel Endingen „Sag', wem gehört die schöne Stadt" stammt aus seiner Feder.

In der Idee, seine Bücher in einer DIA MUSICANA® (eine Kombination aus Bildern, Musik und Worten) zu präsentieren, erkennt man den ausgebildeten Schauspieler und Theaterregisseur.

Auch zu diesem Buch wird eine derartige Präsentation im In- und Ausland unter dem Titel „Heißer Kaiserstuhl" zu sehen sein.

Erfragen Sie die Termine über info@weth-event.de.

7

HIMMELHOCHJAUCHZEND

Fliegende Worte

Um nicht in Euphorie zu verfallen, sollte man die Dinge mit dem nötigen Abstand betrachten, werde ich immer wieder ermahnt, wenn ich über „meine" Feuerinsel ins Schwärmen gerate.

Ich erlebe einen Tagtraum, der mich staunend in das Himmelblau trägt. In der Gondel eines Ballons gleite ich über den Kaiserstuhl. In tiefen Zügen atme ich die prickelnde Luft. Ich treibe wie ein Staubkorn, dem der Wind das Paradies zeigt. Eine flüchtige Wolke trägt Lachen und Singen herauf. Leichte Nebelschwaden bedecken die Reben. Straßen und Wege durchziehen die Landschaft wie ein Spinnennetz, tief geschnitten in den Löss. Lautlos schwebe ich über die grünvermosten Dächer des Kaiserstuhls. Glockenschläge dringen an mein Ohr, die sich von vielen Kirchtürmen zu einer Morgensymphonie vereinen.

Immer weiter himmelan zieht der Ballon. Je mehr er an Höhe gewinnt, desto kleiner und begehrenswerter wird die Feuerinsel.

Ich muss hinunter. Ich muss den Kaiserstühler Boden wieder unter den Fußsohlen spüren. Ich habe Angst, dass mir diese Insel zwischen Vogesen und Schwarzwald davonläuft, bevor ich sie richtig erobert habe. Aber, ich hätte Zeit, wurde mir gesagt, denn gewiss dauert es noch viele Millionen Jahre, bis dieses Inselgebirge verschwunden ist.

Trotzdem bin ich froh, sanft gelandet zu sein. Meine Euphorie ist noch größer geworden.

Lassen Sie sich an die Hand nehmen. Lassen Sie sich mit diesem Buch das große Welttheater einer kleinen Insel und seiner Menschen zeigen.

Keine großen wissenschaftlichen Exkursionen. Ab und zu einige interessante Zahlen aus der Historie und dem Jetzt.

Wichtig sind Kleinigkeiten. Details. Ein Spinnennetz. Ein Vogelnest. Eine Blume. Ein Haus. Reben. Schmetterlinge. Ein Schluck Wasser. Ein Glas Wein. Ein Gegenüber.

Der Ballon zieht wieder himmelwärts, auf der Suche nach anderen Paradiesen.

Ich bin fündig geworden. Die Feuerinsel „Kaiserstuhl" gibt es sonst nirgendwo.

Hier begann vor tausenden von Jahren die Krönung eines Lebensstils und endet noch lange nicht.

Ich lade Sie ein, dabei zu sein!

Georg A. Weth

18 MILLIONEN JAHRE

Ich erinnere mich an so manche Erzählung, bei der es um die Entstehung des Kaiserstuhls ging, zum Beispiel an die nahezu schon biblische Geschichte:

„Gott hat den Kaiserstuhl vergessen."

Als Gott sah, dass seine Schöpfung 'Erde' gelungen war, legte er sich auf eine Wolke und dachte über die Geburt weiterer Welten nach. Er war schon am Einschlafen, da machte ihn ein gewaltiges Donnern wieder wach. Es kam aus dem Inneren der Erde. Viele kleine Vulkane schossen ihr teuflisches Höllenfeuer in den Himmel.

Da erinnerte sich Gott, dass er versprach, hier eine Insel aus Feuer und Wasser entstehen zu lassen, die dem Paradies gleichen sollte, denn die meisten Menschen werden nie in den Genuss kommen, die himmlischen Gärten zu sehen. Aber der Vulkanteufel war schneller als Gott und hatte sich inzwischen des Landes bemächtigt. Gott aber vertrieb den Verführer mit einer Handbewegung.

In und um die toten Vulkane schuf er ein Paradies, das keine Wünsche offen ließ - den Kaiserstuhl.

Wer sich mit dieser „göttlichen" Geschichte nicht zufrieden geben will, dem sei eine andere Begebenheit erzählt:

Es war der 14. März 2005, mittags.

Ich saß mit dem Riegeler Bürgermeister Markus Jablonski in dessen Amtszimmer im Rathaus, als er in seiner humorvollen Art bestätigte, „dass wir im Paradies leben, aber höllisch dafür arbeiten müssen, um es zu erhalten".

Unten auf der Hauptstraße rollte ein schwerer Lastzug

vorbei, der das Haus ächzend erzittern ließ. Jablonski sprang auf und sah zum Fenster hinaus. Kein LKW weit und breit.

Im Ratssaal, einen Stock höher über seinem Amtszimmer, könnte man Tische verrückt haben. Er erkundigte sich bei seiner Sekretärin, aber niemand war im Saal. „Dann war es ein Erdbeben", stellte Jablonski fest und wollte sich sofort im Internet Auskunft holen, aber so schnell wie der Riegeler Bürgermeister war niemand. Am nächsten Tag las ich in der Zeitung, dass ein Erdbeben der Stärke 3,1 den Kaiserstuhl sanft erschüttert hatte.

„Aus der Tiefe haben wir wahrscheinlich das Zusammenbrechen einer Gesteinsformation erlebt, die sich vor 18 Millionen Jahren gebildet hat. Ist das nicht großartig?", kommentierte der Riegeler Bürgermeister.

Die Kaiserstühler haben sich daran gewöhnt, dass ihre Feuerinsel, zwischen dem Schwarzwald und den Vogesen gelegen, alljährlich von kleinen Erdstößen heimgesucht wird, denn sie liegt über dem Rheingraben, der langsam immer mehr absackt und zusammenfällt.

In den vergangenen Jahrhunderten kannte man diese Zusammenhänge nicht. Meistens läutete man die Kirchenglocken, wenn unerklärliche Naturereignisse eintraten, die Mensch und Tier bedrohten.

Im Gedenkbuch der Freiburger Klarissen ist verzeichnet, dass sich am 3. August 1728 zwischen vier und fünf Uhr morgens ein starkes Erdbeben ereignete. „Sogar der Münsterturm wurde 'merklich geschüttelt', so daß die Glocken begannen zu schlagen. Aber Gott sei Lob und Dank, die Stadt hatte sonst keinen Schaden erlitten ... In umliegenden Orten war ziemlich Schaden entstanden ... und das mit großen Schräcken der Mentschen."

Man betete und läutete die Glocken, so oft man konnte. Öfter als die Erdbeben zogen starke Gewitter über das Land und zerstörten jegliche Ernte. Wenn ein Gewitter im Anzug war, so glaubte man, es mit „Wetterläuten" friedlich stimmen zu können. Aber sehr bald merkten die Kaiserstühler, dass dadurch keine Beeinflussung stattfinden konnte. Der Blitz wurde vom höchsten Punkt angezogen. Waren die Menschen nun damit beschäftigt, im Kirchturm die Glocken zu läuten, so war die Wahrscheinlichkeit, vom Blitz erschlagen zu werden, weitaus größer. Trotzdem läutete man „gegen das Wetter" und bezahlte diejenigen, die das machten, fürstlich. In den Klöstern las man Heilige Messen gegen die Gewitter und für eine gereinigte Luft.

Der Kaiserstuhl war ursprünglich eine brodelnde Landschaft mit vielen Kratern. Vor etwa 15-18 Millionen Jahren war die aktivste Zeit der Feuerspeier. Magma schoss aus der Tiefe an die Oberfläche und begann nach und nach den Kaiserstuhl zu prägen. Lavaströme, bei ihrem Austritt bis zu 1200°C heiß, sind heute noch in manchen Flurbildern zu erahnen.

Nach derartigen Flurbildern ging Prof. Dr. Karl N. Thome auf Spurensuche und veröffentlichte 1991 unter dem Titel „Die erdgeschichtliche Entwicklung des Rheins" („Duisburg und der Rhein", Herausgeber Stadt Duisburg) die schier unglaubliche Geschichte, dass der Rhein vor acht Millionen Jahren am Kaiserstuhl entsprungen sein soll.

Er schreibt: „So machte auch der Rhein seit seiner Entstehung eine Entwicklung durch, die aber nicht menschlichen Zeitmaßstäben von Jahrhunderten oder wenigen Jahrtausenden folgt, sondern nach geologischen Zeitaltern zählt, d.h. nach Jahrmillionen und Jahrhunderttausenden. Obwohl keine menschliche Erinnerung die großen Entwicklungsabschnitte des Rheinsystems überlieferte, können wir sie erfahren, soweit wir die Spuren lesen lernen, die sie im Landschaftsbild hinterlassen haben."

Erosionen trugen die ursprüngliche Oberfläche ab und setzten seltene Gesteinsarten frei, z.B. Phonolit, Aragonit, Augit, Granat, Tephrit, Olivin. Aber wichtiger als all' diese Steine wurde für den Kaiserstuhl der Löss. Was ist Löss? Löss zählt zu den äolischen Sedimenten, die der Wind verfrachtet. Löss ist eine Wortschöpfung des Heidelberger Gelehrten Karl von Leonhard aus dem Jahre 1824. Er nahm das alemannische Wort „Lösch", was soviel wie locker bedeutete und leitete daraus Löss ab.

Im PLENUM, Seminarheft für Kaiserstühler Gästebegleiter findet sich die Erklärung für das Phänomen Löss:

„In der Eiszeit waren der Bodensee und die Schweizer Mittellandseen mit Eis gefüllt und Teil der riesigen Gletscher der Alpen. Wassermassen und Gerölle ergossen sich in den Rheingraben, wenn im kurzen Eiszeitsommer die Gletscher schmolzen und das Eis durch den hohen Druck unter dem Gletscher flüssig wurde. Feinkörniges Sediment aus fein zermahlenem Gestein setzte sich in unzähligen Gewässerläufen der vegetationsarmen, eiszeitlichen Schotterebene ab. In den kalten Perioden der Eiszeit (Günz-, Mindel-, Riss- und Würmeiszeit) bis vor etwa 12.000 Jahren wurden aus den vegetationsarmen Schotterflächen und sommerlich trocken fallenden Gewässerläufen des weit verzweigten Rheins durch Winde aus vorwiegend südwestlicher Richtung staubfeine Sedimente ausgeblasen. In der weiten Schotterebene der elsässischen Rheinebene blieben so vor allem grobe Kiesel übrig. Als windverwirbelndes „Hindernis" mitten in der Ebene bot der Kaiserstuhl günstige Voraussetzungen für die Sedimentation. Löss setzte sich vor allem in windabge-

Oberbergen

wandten nordöstlichen Lagen in bis zu 30 bis 60 Meter hohen Auflagen ab. So überzog der Löss die 'Ruinen der Kaiserstühler Vulkanlandschaft'. Entsprechend der vier Kaltzeiten wurde am Kaiserstuhl Löss in vier Phasen abgelagert.

Löss ist sehr standfest - verantwortlich dafür ist der hohe Kalkanteil, der die Quarzpartikel verkittet. Wird dieses 'Kalkskelett' zerbrochen, z.B. durch Befahren, Betreten, Abtragen, Bewirtschaftung, Rebumlegungen, verändert der Löss seine Eigenschaft grundlegend. Er ist nun staubig-locker, sehr erosionsanfällig und wird bei Regen sofort weggeschwemmt. Die Erosion hat den Löss an vielen Stellen bereits wieder abgetragen. Auf den Kuppen über 400 m ü.NN. liegen heute meistens vulkanische Gestei-

ne an der Oberfläche. Viele Meter dicke Schwemmlösslagen in den Tälern und am Fuße des Kaiserstuhls zeugen davon, ebenso die schluchtartigen Hohlwege.

Im Löss lassen sich Fossilien der Eiszeit finden: Verschiedene Schneckenhäuser zum Teil noch heute existierender Arten, Überreste von Mammut, Wildpferd, Rentier, Bison und Riesenhirsch."

Den heutigen Charakter des Kaiserstuhls prägte in zerstörerischer aber auch in behutsamer Weise der Mensch, der erst lernen musste, mit einem Millionen Jahre alten Geschenk umzugehen.

GESICHTER
DES
KAISERSTUHLS

KURZKÖPFIGKEIT

Warum sind die Kaiserstühler anders?

Weil sie nicht der Storch, sondern das „Dorfbäseli" bringt.

Zu dieser Erkenntnis kamen die Kaiserstühler schon vor einigen hundert Jahren. Da sie sich der Tradition verpflichtet fühlen, geben sie dieses „Forschungsergebnis" auch an ihre Kinder weiter.

wer beauftragt das „Dorfbäseli" damit?

Die „Bruut" und der „Hochzitter". „Willst mi?", fragte er seine Angebetete und wenn sie darauf antwortete: „Jo i will di!", dann bekam das „Dorfbäseli" den Auftrag, Kinder zu beschaffen. Die Herstellungszeit dauerte, damals wie heute neun Monate. Manchmal kam es vor, dass

seinem Leben, aber er ist nicht der „Sinnierer", der Gott und die Welt verändern will. Es genügt ihm, wenn er mit sich selbst zufrieden ist.

Wie oft war sein Kaiserstuhl im Verlauf der Zeit geteilt, wie oft versuchte man die Bevölkerung auszurotten? Die Jungsteinzeitmenschen waren hier, die Römer ließen es sich gut gehen, die

Aber woher bezieht das „Dorfbäseli" die Kinder? Die schlauen Kaiserstühler geben dann zur Antwort, dass das Bäseli die Babys einfach aus Teichen, Brunnen, Bächen und Wassertümpeln fischt. In Eichstetten kommen die Kinder aus dem Kaltenbrunnen, in Breisach aus dem Radbrunnen, in Endingen aus dem Erleweiher, u.s.w. Und

das „Dorfbäseli" nach Ablauf von neun Monaten einen neuen Auftrag erhielt. Leider konnte das eine oder andere Kind nicht zur Auslieferung kommen, denn Krankheit, Krieg und Tod dezimierten die Bevölkerung. Was soll's! „Ohne wii bigott, könnt' mehr sowas gar nit schaffe."

Unbegreiflich erscheint dem Kaiserstühler vieles in

Alemannen vertrieben sie und die Franken kamen. Dann kamen die Herren von Üsenberg. Sie vereinten aus Eigennutz viele Ländereien. Da protestierten die Grafen von Freiburg mit einem Bürgeraufgebot.

Als der letzte der Üsenberger starb, bekamen die Habsburger die Lehen. Das Familiengut ging an die

Markgrafen von Hachberg und es folgte die Linie Baden-Durlach.

Einige Orte des Kaiserstuhls waren für die Reformation. Die meisten aber blieben katholisch. Das Land wurde bereits vor der Reformation vorderösterreichisch.

In dem Hin und Her konnte sich „der" Kaiserstühler, wie wir ihn uns gerne vorstellen wollen, nicht entwickeln. Viele Volksgruppen vereinigten sich. Daher sind die Chronisten der Ansicht, dass man von einem Kaiserstühler eigentlich erst in der zweiten oder dritten Generation nach

Zwei Weltkriege störten wieder die Entwicklung des Kaiserstühlers. Er verkroch sich in sein Schneckenhaus, in die Lösshöhlen, bis ihn die Kriegstreiber herausholten, wenn sie konnten.

Die Rassenuntersuchung von Dr. Johannes Schäuble stellte im Auftrag der Nationalsozialisten 1938 fest:

„Angesichts der offenbar dichten, frühalemannischen Siedlungen, liegt die Frage nahe, ob jene Alemannen in gleicher Form in den heutigen Kaiserstühlern noch weiterleben ... Bei der alemannischen Landnahme blieben Reste

und kräftige Gestalten herrschen vor, Untersetzte sind ebenfalls verhältnismäßig häufig, zierliche Gestalten dagegen nicht. Bei den Frauen liegt ähnliches vor, nur ist dort -entsprechend dem fast überall anzutreffenden Geschlechtsunterschied-die Verteilung mehr zu den Vollschlanken und dicken Frauen hin verschoben."

Zusammenfassend wurde aus der rassenkundlichen Untersuchung von 275 Männern und 226 Frauen aus verschiedenen Kaiserstuhl-Orten folgendes über Farb- und Formeneigenschaften festge-

dem Dreißigjährigen Krieg reden darf, denn nur etwa zwanzig Prozent der damaligen Bevölkerung (meistens Frauen) überlebten. Äcker, Reben und das Vieh im Stall waren verkommen. Die Gunst der Stunde nutzten schweizerische Einwanderer, elsässische und italienische Arbeiter sowie österreichische Landwirte. Die Völker vermischten sich.

früherer Rassen erhalten, da offenbar die angetroffene Bevölkerung nicht ausgerottet wurde. Die Annahme liegt nahe, dass diese älteren Reste bei stärkerer Fortpflanzung eine allmähliche Verschiebung des Bevölkerungsbildes bedingen konnte ..."

„Unter den Männern finden sich keine ausgesprochen dicken Individuen. Schlanke

stellt: „Männer und Frauen sind mittelgroß. Die Kopfformen sind mäßig rund. Die Gesichter sind niedrig und ziemlich breit. Die Nasen sind mittelbreit, der Nasenrücken ist gerade bis gewellt. Konvexe Formen sind ebenfalls häufig. Bei den Haarfarben überwiegt braun und das Vorkommen von blond. Über die Hälfte der Augen ist mischfarbig, die übrigen vorwiegend blau, braun ist nicht häufig. Die Hautfarbe ist hell..." Schließlich kommt Dr. Schäuble zu der Feststellung, dass „der Kaiserstühler von mittlerer Kurzköpfigkeit ist... Weitaus der Hauptteil der Bevölkerung ist gleichen Blutes, wie die Stammesbrüder des näheren und ferneren Umkreises..."

Die Zeit, in der man die „mittlere Kurzköpfigkeit" sah und nicht den Menschen, ging viel zu spät zu Ende. Die Wiederauferstehung des Kaiserstühlers begann 1945. Er konnte wieder atmen und erinnerte sich der Rebberge. „Der Rebberg formt am Stil der Landschaft, er formt mit am Lebensstil der Menschen", schrieb der Breisgauer Schriftsteller H. E. Busse bereits im Jahre 1939. (Eine Busse-Stube befindet sich im Freiburger Restaurant „Busses Waldschänke".)

Im Kaiserstuhl begrüßten Menschen wieder Menschen, ohne nach der Herkunft zu fragen. „... Die gemeinsame Arbeit im gleichen Rhythmus gibt dem Verschiedenartigsten ein Gleiches im Lauf der Zeiten." (Busse)

Die Alten, die vom Dreißigjährigen Krieg so bildhaft erzählten, als hätten sie ihn mitgemacht, erinnerten sich wieder der Werte ihrer Eltern und Großeltern: „Zäh hält der Bauer am Alten fest. Um was

seine schwielige Hand, sein einfacher Verstand, sein Hoffen und Wünschen sich mühen, das alles sind die Dinge der Natur, die sich ewig gleich bleiben: die Erde, die er zur Saat bereitet, das Gedeihen der Gewächse, der Unterhalt und die Mehrung seines Viehs, sein eigenes anspruchsloses Leben.

Um die Natur geht daher auch aller Fortschritt bäuerlicher Kultur, gebunden an ihr im wesentlichen unabänderliches Geschehen. Daher stand das Bauerntum immer so ganz abseits aller Kultur der Städte, daher führte auch durch lange Jahrhunderte hindurch der alemannische Bauer im Kaiserstuhl kaum ein anderes Dasein als in der Frühzeit seiner noch vielfach dunklen Geschichte", schrieb 1933 der Landverein für Naturkunde in Freiburg. Es entwickelte sich eine zaghafte Kultur, aber bis heute keine Kunst. Ein sinnliches Genießen, um sich daraus zu künstlerischen Taten inspirieren zu lassen, das kennt der Kaiserstühler kaum.

Busse: „Nirgendwo in unserem badischen Raum treffen wir wohl so häufig auf ganz einfache, ja primitive Verhältnisse in der Lebensführung, im Aussehen der Stube und des Stalles, wie im Kaiserstuhl. Auch hier haben die bewegten Schicksalsläufe allzu üppige Gebärden erstickt."

Das Brauchtum wurde von Generation zu Generation mündlich weitergegeben und entbehrt deshalb der Substanz. Einige bewahrten es auf vergilbten Zetteln im Nachttisch neben der Bibel auf.

„Dem Kaiserstühler sind alte Werte wichtig. Der Kaiserstühler ist ein grundehrlicher, monogamer Typ, der in guten und in schlechten Zeiten für den anderen da ist", stellt Rüdiger Baptist, Gasthof „Adler" in Königschaffhausen fest.

Dies beweist allein der Bau seiner Häuser. Einer trage des anderen Last. Der Kaiserstühler verbindet sich - Baustein um Baustein - mit seinen Nachbarn. Sie schachteln sich in- und aneinander. Nicht selten kommt es vor, dass sich der Keller des Nachbarn unter den Stubenboden des anderen schiebt. Das Schlafzimmer reckt sich einen halben Meter in die Küche der Schwiegertochter. Hier baute man auf Vertrauen und nicht nach den Plänen eines Architekten. Klein und begrenzt war und ist teilweise immer noch der Lebensraum des Kaiserstuhl-Bewohners. Sein Gold sind die Reben, sein Silber das Obst. Die Kunst kennt er im Überleben, die Kultur im Bearbeiten des ihm anvertrauten Stückchen Erde. Die ältere Generation ist zufrieden, wenn sie ein kleines Häuschen hat. Die Jungen allerdings möchten schon ein etwas größeres Haus mit Solaranlage, zwei Garagen und mindestens einem Gästezimmer. Alle aber wollen eine glückliche Familie, Kinder, Reben, ein Gärtli, eine Oma, die Traktor fahren kann, und ein paar Freunde, mit denen sie singen, Feste feiern und am Stammtisch diskutieren können. Eines zeichnet allerdings jeden Kaiserstühler aus: Sein unbändiger Fleiß, mit dem er alle Aufgaben, die er sich selbst stellt, bewältigt. Sein Lebensstil: Leben und leben lassen ... erleben ... die Zeit nicht verleben!

IN 50 MILLISEKUNDEN EINGEFANGEN

Wenn Sie zum ersten Mal im Kaiserstuhl sind, dann wird es Ihnen genauso ergehen wie mir.

Man kann sich an den Schmetterlingen nicht satt sehen, die mit ihren Farben blenden. Juwelen der Lüfte!

Smaragdeidechsen grünblau schimmernd, die nur noch im Paradies Kaiserstuhl vertreten sind. Schnecken mit durchsichtigen Häuschen.

Sie sehen Orchideen, vielgesichtig. Lilien, in hoheitsvoller Haltung. Frauenmantel und Fuchsschwanz. Den weißen Gänsefuß, den Wiesen-Bärenklau, Mammut-Bäume. Selbst ist es kaum möglich diese Welt zu erforschen. Nehmen Sie daher an speziell geführten Wanderungen teil.

Eine Zauberwelt, die schon viele begeisterte, wie beispielsweise die Autorin und Pfarrersfrau, Pauline Wörner (1859-1945), die in Bötzingen lebte. In vielen Ihrer Bücher beginnt sie mit einer Naturbeschreibung des Kaiserstuhls in der Sprache des 19. Jahrhunderts:

„Schon kam König Frühling aus dem fernen Süden gezogen. Vor sich her in Wald und Flur schickte er seinen Fahnenjunker, den Sturm, und seinen Herold, den Wind, daß beide dem Winter das Quartier künden und ihn in nordische Gefilde verjagen;

... Noch stand der Rebstock erstorben an den Hängen ... Aber doch waren sonnige Tage im Talgang am Kaiserstuhl. An den Waldrändern blühten die Schlüsselchen ...

... Naseweiß vorwitzige Falter taumelten auf der Heide, ... Tiefrote Zweige von Eylanden (Seidelbast) leuchteten aus den Büschen, und der Boden unter der Richterlinde war besät mit den Goldknöpfchen des Hasenblümchens. Noch funkelte manch liebes Mal die Morgensonne in klaren Eiskristallen, aber, wenn sie sank, war die Erde warm ..."

Heute ist unsere Sprache realistischer geworden. So liest sie sich im Seminarheft für Kaiserstühler Gästebegleiter dem PLENUM:

„Die Halbtrockenrasen des Kaiserstuhls bieten durch ihren Artenreichtum zu jeder Jahreszeit ein besonderes Naturerlebnis. Über vierzig Pflanzenarten finden sich hier auf wenigen Quadratmetern - es handelt sich um die artenreichsten Mähwiesen Mitteleuropas. Bereits im März locken die blauvioletten Blütenkelche der Küchenschellen Hummeln an, unzählige Wiesen-Schlüsselblumen bedecken die Flächen im April. Am größten ist die bunte Blütenpracht im Mai und Juni. Zu dieser Zeit blühen Wiesen-Salbei, Klappertopf und zahlreiche Orchideen-

arten, für die das Gebiet weithin bekannt ist."

Als der Kaiserstuhl vor vielen Jahren gerodet wurde, entstand ungewollt der sogenannte Halbtrockenrasen, die artenreichste Mähwiese Mitteleuropas. Nach der Rodung waren dem Boden Nährstoffe entzogen worden (z.B. Stickstoff) und man begann sofort mit der landwirtschaftlichen Nutzung. Es siedelten sich dann Pflanzen an, die wahre „Hungerkünstler" waren. Wird der Boden aber nicht mehr gemäht, so verändert sich die Vegetation wieder. Es bildet sich eine Wiederbelebung. Um aber die großen Halbtrockenrasen zu erhalten, werden sie teilweise gemäht. Der Lebensraum für die einmaligen Pflanzen ist größer geworden. Wie sie sich im zentralen Kaiserstuhl, dem Badberg, dem Haselschacher Buck, den Schelinger Matten oder dem Scheibenbuck dokumentieren.

Im Jahre 2002 wurden bei Oberbergen und in Schelingen auf den Rebhängen 49 Arten von Tagfaltern, 6 Widderchen, 15 Heuschrecken, 44 Schnecken und 155 Wildbienenarten gezählt. Manche Wildbienen gibt es nur noch am Kaiserstuhl. Sie graben in die Lösswände ihre Höhlen.

Auf den Trocken- und Halbtrockenböden entwickel-

ten sich 35 Orchideenarten. „Fliegende Edelsteine" nennt man hier die „Bienenfresser", die Exoten unter den Vögeln, die von Mitte April bis Anfang September im Kaiserstuhl bleiben. Sie bauen sich in die Lösswände ihre Nester, die oftmals bis zu 1,75 m Tiefe reichen.

Das Wohn-Ambiente einer Smaragdeidechse gleicht im übertragenen Sinne dem Aufwand einer 1.000 qm großen Villa. Die Smaragdeidechse bevorzugt eine Kombination von drei verschiedenen Lebensraumelementen: offene Bodenstellen oder kleinwüchsige Vegetation zum Sonnenbaden, Versteckmöglichkeiten in verschiedenen Gängen, gute Beobachtungspunkte. Bevorzugt wird eine Wohnlage von südostexponierten Böschungen.

Die größte Gefahr für das fliegende und kriechende

Kleingetier stellt die „Gottes-
anbeterin" dar, die den from-
men Namen deshalb bekam,
weil sie die Fangbeine wie im
Gebet verschlungen hält. Mit
diesen Fangbeinen schafft sie
es, ihre Beute in 50 Milli-
sekunden zu fangen.

Wunder gibt es im und am
Kaiserstuhl immer wieder.
Jeder, der mit offenen Augen
die gut beschilderten Wege
geht, wird Zeuge davon.

KOSTBARKEITEN
AM WEGRAND

Andreas Neymeyer (Besitzer des Weingutes Bastian, Endingen, und der Burg in Burkheim)
und Georg A. Weth (rechts) bei einer Weinprobe in den Gewölbekellern des Weingutes Bastian.

REINEN WEIN EINSCHENKEN

Der Millionen Jahre alte Kaiserstuhl schenkte dem Winzer durch Löss, Vulkangestein und Klima die Möglichkeit, Reben zu pflanzen und Trauben zu ernten, aus denen ein faszinierender Wein entsteht. Aber mit allerlei Tricks wollte der Mensch den Wein veredeln - ihn nach seinen Wünschen untertan machen. Deshalb bestand seine „Veredelung" in der Beimischung verschiedener Ingredienzen. Es war vor einigen hundert Jahren nicht so einfach, reinen Wein eingeschenkt zu bekommen. Es gab ihn nicht. Da half auch das Strafgesetzbuch „Constitutio Criminalis Carolina" von Karl V. (1532) nicht, denn im Wein lag nicht nur die Wahrheit. In den Fässern fand man tote Ratten und Mäuse, Eulen, Schlangen und anderes Getier, das bewusst zugesetzt wurde. Bei dem Genuss dieses Weines sollten Frauen schwach und Männer potent werden. Wenn man bedenkt, dass 1472 bereits ein Weinbaukongress in Breisach tagte, der beschloss, dass „die gearzteten und anders gemachten Weine nicht so sind als Gott der Herr sie hat wachsen lassen", so ist daraus zu erahnen, wie wertvoll den damaligen Herrschern der Wein war.

Sebastian Brand jammerte 1494: „Man läßt den Wein nicht Wein mehr bleiben, Salpeter, Schwefel, Totenbein, Pottasche, Senf, Kraut unrein, stößt man durchs Spundloch in das Faß." In Nürnberg war es schon frühzeitig verboten, dem Wein „Spießglas, Speck, Senf und Kalk" beizufügen.

Als Maximilian I. zum Reichstag nach Freiburg kam, hatte er eine „Ordnung und Satzung über den Wein" mitgebracht, die dem heimlichen Treiben der Weinfälscher jedoch nicht das Handwerk legte.

Wie schmeckte ein Kaiserstühler Weißwein vor 250 Jahren?

Aus Anlass des 250-jährigen Bestehens der Stadtmusik Endingen wagte man das Experiment und kelterte - ohne Zuhilfenahme von Fremdkörpern - einen Jubiläumswein nach den damaligen Rezepten: „Bis 1750 wurde die Weinbereitung nur nach empirischen Regeln gehandhabt, und der Erfolg hing größtenteils vom Zufall ab. Zum Ausbau dieses Jubiläumsweines wurden die Kenntnisse der Wissenschaft ab dieser Zeit mit einbezogen.

Ein althergebrachtes Verfahren zur Erhaltung und Verbesserung des Weines besteht im Verschnitt. Zu diesem Zweck wurden verschiedene heimische Traubensorten als Grundlage dieses Cuvees verwendet. Nach Festlegung des vorzüglichsten Erntezeitpunktes wurden nur zeitige Trauben aus gemischtem Satz gelesen, was für Weine besonderer Beschaffenheit vonnöten ist. Dicke Stiele wurden abgetrennt, denn diese geben ihm einen unartigen und sauren Geschmack. Die Trauben wurden nach Beratschlagung allerdings nicht mit den Füßen gestampft, sondern mit einer Korbpresse gekeltert und der Most so schnell wie möglich von dem Treber entfernt. Der Gährungsprozess erfolgte langsam und kühl, damit sich die edlen Teile nicht durch den Spunten verflüchtigten. Das Geheimnis dieses champagnerartigen Weines besteht darin, die Luft der Gährung zurückzuhalten, die in feinen Bläschen aufsteigt. Das Abtrennen der Hefe erfolgte bei abnehmendem Mond und ausgebaut wurde er im alten Holzfass, denn früher wurden sehr edle Weine nie in neue Fässer eingeschlaucht, die besonders weißem Wein einen unartigen Beigeschmack geben. Gezogen wurde er zu 'Drei König' in traditionellen Bouteillen, die zum Schutz gegen schädliche Lichteinflüsse mit Haferstrohhülsen ummantelt sind. Zum Vorteil längerer Lagerfähigkeit haben wir nicht fil-

triert und die belebende Fruchtsäure erhalten. Das eigentümlich frische Bouquet und die lebhafte Art dieses durchgegorenen Weines ist ohne Zweifel ein Ausdruck der besonderen Güte dieser Trauben, die von rechtschaffenden Stadtmusikern dem Weingut Knab zum Ausbau nach traditionellen Methoden anvertraut worden sind."

Soweit die Ausführungen zur Weingewinnung vor 250 Jahren.

Wer, wo, wann die ersten Reben am Kaiserstuhl pflanzte, weiß man nicht. Jede Gemeinde möchte die erste gewesen sein. Beurkundet ist beispielsweise, dass 769 in Bötzingen Weinbau betrieben wurde. Man vermutet allerdings, dass bereits die Römer viele Jahre vorher Wein anbauten und genossen haben.

Der Weinbau hat seinen Ursprung in einer einzigen Pflanze, namens „Vitis vinifera", die schon im 4. Jahrhundert v. Chr. in Mesopotamien (Irak) bekannt war. Der globale Weinbau findet bei dieser Pflanze seinen Ursprung. Im 1. Jahrhundert n. Chr. kamen die Römer in den Genuss der Rebe und nahmen sie auf ihre Kriegszüge mit.

Vom römischen Erbe übernahm die Kirche die Weinbearbeitung, die sich ca. ein Jahrhundert allein die Besitz-

rechte sichern konnte. Wein war das Tischgetränk in den Klöstern. 900 n. Chr. gibt es in dem heutigen Badener Land bereits 84 Weinorte.

Neben dem Wein bildet auch heute noch der Obstbau eine wichtige Einnahmequelle. Der Obstanbau am Kaiserstuhl wurde im Jahre 1600 von einem klösterlichen Erlass befohlen, der „weltlichen Policey Ordnung". Darin wurde jeder Bürger aufgefordert, jährlich einen Obst- und einen Nussbaum zu pflanzen.

Das 16. Jahrhundert soll das „Sauf-Jahrhundert" der Deutschen gewesen sein. Sie haben es überstanden.

Im 18. Jahrhundert wollte Markgraf Karl Friedrich, der sich der heimischen Landwirtschaft wie des Weinbaues annahm, „Zucht und Ordnung" in den Weinbau bringen. Aber die Not der kleinen Rebbauern am Kaiserstuhl konnte auch er nicht bannen, denn auch er war abhängig von Weinhändlern oder Wirten, die damals noch selbst ihren Wein ausbauten. Die meisten Weinhändler saßen in Breisach oder Endingen.

Weinzölle führte man um 1400 n. Chr. ein. Der Wein wurde zum Volksgetränk Nummer eins. Erst im 17. Jahrhundert füllte man den Wein in Flaschen, die man

dann mit einem Korken versah. – Heute bemüht man sich, den altbewährten Korken durch einen Glasstöpsel zu ersetzen. –

Zum Ausprobieren pflanzte man zunächst einfache Rebsorten. Sie gediehen, denn die Wärme des Vulkangesteins und der Löss tat den Pflanzen gut. Die Entwicklung des Weinanbaus ging langsam voran. Wenn man bedenkt, dass man erst um 1900 darauf kam, die Weinrebe „geordneter" wachsen zu lassen. Durch das Ziehen am Draht konnte man sein Hochranken oder den Wuchs der Seitentriebe beeinflussen. In den zwanziger und dreißiger Jahren des vergangenen Jahrhunderts wurden am Kaiserstuhl die Winzergenossenschaften gegründet, die von vielen Winzern genutzt wurden, denn die Weiterverarbeitung der Trauben und die Vermarktung wurde von den Genossenschaften übernommen.

Baden war in den Jahren vor 1870 mit 22.000 ha Rebfläche das größte deutsche Weinanbaugebiet.

1874 wird in Trier der deutsche Weinbauverband gegründet. Erster Präsident wurde Prof. Dr. Adolph Blankenhorn, der sein Weingut Blankenhornsberg bei Ihringen für Forschungszwecke nutzte.

In den Kriegsjahren 1940/41 führte man die allererste Flurbereinigung in Oberrotweil durch. Manche Winzergenossenschaften gründeten sich neu.

In einer Flurbereinigung (1966-1970) begann man, die jahrhundertealte Rebland-schaft zu verformen. Eine Landschaftsumgestaltung wie sie es in Mitteleuropa kein zweites Mal mehr gab. Kleine Parzellen wurden zu vierecki-gen Produktionsflächen. Natürlich hatten es danach die Winzer einfacher, sich um die Reben zu kümmern, ohne das „Berg- und Talgehen". War ein Winzer bis dahin jährlich ca. 2.000 Stunden im Wein-berg, so wurde durch die Flurbereinigung seine Arbeit auf ca. 900 Stunden pro Jahr und Hektar reduziert.

Erst diese Flurbereinigung brachte den Winzern im Verlauf der Zeit eine echte Erleichterung. Man konnte die Pferde, Ochsen und Kühe im Stall lassen. Man fuhr mit dem Traktor. Dann lernte man, mit der Handpumpe umzugehen, um die Reben rechtzeitig vor Schädlingen zu schützen.

In den Kriegsjahren waren es um 2.000 Hektar Rebflä-che. 1987 bereits über 4.000 Hektar. Heute nehmen die Rebflächen des Kaiserstuhls mindestens 4.200 ha von einer Gesamtfläche von 100 km^2 ein, das heißt, dass 42 % der Kaiserstuhlfläche mit Reben bewachsen sind. Der Fachmann spricht heute von der Kultur eines modernen Qualitätsweinbaus, der stren-gen Vorschriften unterworfen ist. Es beginnt mit dem Pflanzmaterial, das aus euro-päischen Edelreben und ame-rikanischen Wildreben be-steht, die widerstandsfähig gegen die Reblaus sind. Dazu wird die Pflanzdichte vorge-schrieben und ihre Erziehung. Die Stammhöhe darf 0,8 Me-ter Laubansatzhöhe nicht überschreiten. Der regelmäßi-ge Rückschnitt muss auf 7 Augen begrenzt sein.

Der Winzer muss darauf achten, dass der Rebstock nicht mehr als 200 Blätter hat. Die Traubenanzahl pro Stock sollte auf 30 beschränkt bleiben und für jede Traube sind 7 Blätter genehmigt. Nur das grüne sonnenbeschienene Blatt bildet den Zucker für die Traube.

Eine weitere Kulturmaß-nahme stellt der Dünger und die Schädlingsbekämpfung dar.

WEIN WURDE AUS DURST GEBOREN

Kennen Sie die wichtigsten Kaiserstühler Rebsorten?

Das sind sie: Grauburgunder[1], Müller-Thurgau[2], Silvaner[3], Weißer Burgunder[4], Riesling[5], Gewürztraminer[6] und der Rotwein Blauer Spätburgunder[7].

„Wein wurde aus Durst geboren", sagten die alten Römer. Durst hatten die Kaiserstühler schon immer. Nirgendwo in Deutschland brennt die Sonne so heiß wie hier.

Wenn ein Rebbauer ein ganzes Jahr im Berg war, so dörrte er aus und sah wie ein „abgezogener Rebsack" aus. Ohne abendliches Viertele konnte und kann der Kaiserstühler nicht schlafen.

Aber die „abgezogenen Rebsäcke" sollen sich mit der Unterhaltung schwer getan haben. Man lästerte, dass am Abend jeder nur noch zum Sprechen eines Satz fähig gewesen war, den sein Gegenüber, nach einer Pause, ebenfalls mit einem Satz beantwortete:

„ So, tuet's es?"

„He, me kann's eso losse."

„Was mache d'Räbe?"

„He, bis jetzt güet, aber mer wänn's nit beschroie."

„Aber der vorjährig Wii, sell isch bigott e Tröpfli!"

„Jo, der ferndrig Wii isch wierig gsi."

(Ein „wieriger Wii" ist ein guter, haltbarer, glockenklarer Wein)

„Jo, mer sott en nit hergäh, mer sott en fascht selber suffe."

Im Juli 2002 wurde der Kaiserstuhl zum PLENUM-Gebiet „Naturgarten Kaiserstuhl" erklärt. Es ist erfreulich, dass sich seitdem viele Winzer, Landwirte, Gemeinden, Gastronomen, Landfrauen, Naturschützer, Künstler und viele andere noch näher zusammen geschlossen haben. Gemeinsam mit der PLENUM-Geschäftsstelle werden Projekte entwickelt und so umgesetzt, dass die Region mit ihren Besonderheiten noch besser zur Geltung kommt. Es gilt, die einmalige Natur und Landschaft des Kaiserstuhls zu erhalten und gleichzeitig wirtschaftlich erfolgreich zu sein.

Die Obstbaumpflanzaktion im Frühjahr 2004 ist ein Beispiel dafür. Rund 450 Personen, privat oder in Vereinen, haben sich beteiligt und in der gesamten Kaiserstuhllandschaft 1400 hochstämmige Obstbäume gepflanzt. Für seltene Tiere wie Grünspecht und Wiedehopf sind große und alte Obstbäume ein unersetzlicher Lebensraum. Für Erholungssuchende und Touristen tragen sie wesentlich zur Schönheit der Landschaft bei und für die Obstbaumbesitzer haben sie konkreten Nutzen für Küche und Kleinbrennerei. Eine Kombination, die Nutzung und Naturschutz vereint.

Naturinteressierte und Weinfreunde lieben den Kaiserstuhl und wollen viel über ihn wissen. PLENUM hat deshalb in Seminaren „Kaiserstühler Gästebegleiter" ausgebildet, von denen Sie viel Neues erfahren können.

Ein Kaiserstühler Bio-Traubensaft und weitere neue Regionalprodukte entstehen mit PLENUM, so dass der Kaiserstuhl zu einer Regionalmarke wird. Diese regionalen Spezialitäten sollten Sie genießen. An Marktständen, in Hofläden und Bäckereien finden Sie viele dieser neuen Kaiserstühler Qualitätsprodukte. Und die Vereinigung „Kulinarischer Kaiserstuhl" bietet Ihnen in vielen Restaurants eine „Regionale Speisekarte" mit leckeren Gerichten aus gesunden heimischen Erzeugnissen an.

Auch mit neuen Veranstaltungen zeigen Kaiserstühler die Zusammenhänge zwischen der landwirtschaftlichen Nutzung und der Erhaltung der Natur auf. Lassen Sie sich beispielsweise von den Landfrauen mit einem Frühstück auf dem Bauernhof verwöhnen.

REGION IM AUFWIND

UNBESIEGBAR

...denn über Riegel
geht immer wieder die Sonne auf

Warum schenkt man das Riegeler Bier noch aus, wenn es nicht mehr gebraut wird? Immer wieder wird dem Pächter des Riegeler Brauhauses die gleiche Frage gestellt. Die Wissbegierigen erfahren dann, dass das Riegeler Bier doch noch gebraut wird, aber nicht mehr mit Riegeler Wasser und dass es in den berühmten Felsenkellern nicht mehr lagert. Ansonsten aber wird es immer noch nach den Riegeler Original-Rezepten hergestellt. Der Hefestamm wird sogar aus Riegel bezogen, ja selbst die Gerste kauft man in der Regio. Im Oktober 2005 präsentierte man sogar eine neue Komposition. Das „Riegeler Landbier" in einer Bügelflasche. Der Kenner weiß natürlich, dass die Riegeler Brauerei an „Fürstenberg" verkauft wurde und hinter der Fürstenberg Bierflasche aus Donaueschingen die „Paulaner Brauerei" aus München und hinter dieser eine Internationale Brau-Holding steht.

Die leeren Stollen, die man einstmals 40 Meter tief unter das Wahrzeichen Riegels, die Michaelskapelle trieb, um das Bier reifen zu lassen, geben im Neonlicht ein gespenstisches Bild. An einer Wand entdeckte ich einen Zettel, auf dem steht: „Im 2. Weltkrieg dienten die Felsenkeller der Bevölke-

rung von Riegel monatelang als Luftschutzbunker und Heimstatt. In den Kellern wurde gelebt, geschlafen, gegessen, gebetet. Es gab Gottesdienste und Schulunterricht für die Kinder. Pfarrer Blum beschreibt das Leben in den Kellern: Seit Monaten sind hier über 1.400 Menschen im Brauereikeller, 40 m unter dem Boden. Und jeder verträgt sich mit dem anderen. Es gibt keine Gegensätze mehr ... Und alles Leben, durch gemeinsame Todesangst gekennzeichnet, ist denkbar einfach: essen, schlafen, helfen, trösten ... und warten, warten vom Abend zum Morgen, vom Montag zum Sonntag, von Woche zu Woche. Licht ist immer da, auch wenn's droben die Drähte zerrissen und die Masten umgeworfen hat. Die Brauerei hat ja eigenes Licht (durch die Dampfmaschinen von 1893 und 1906). Manche

haben auch Kerzenstumpen. Taschenlampen sind schon Mangelware. Aber einige sind doch so glücklich. So kann man sich schon durchschlängeln über Bretterkisten und Handkoffer, an Matratzen und Strohsäcken vorbei. Tische gibt es nur wenige. Der Platz ist zu eng, Bett an Bett, Lager an Lager, manchmal zwei- oder auch dreistökkig übereinander. ... Auch Gottesdienst wird da unten abgehalten. Das ist dann katakombenmäßig einfach. Für ein Kreuz an der Wand hat Herr Richard Meyer gesorgt. - ... manchmal dröhnen die Explosionen der Bomben dazwischen. Aber man fühlt sich sicher. 40m unter der Michaelskapelle. Es gab aber auch noch Bier, wie Pfarrer Blum berichtete, als er nach einer schweren Bombennacht endlich Schlaf fand und am nächsten Morgen mit einer

leeren Flasche in der Hand aufwachte."

Im Jahre 2005 existierte die Riegeler Brauerei nur noch als Kulisse. Der Gemeinderat unter dem Vorsitz von Bürgermeister Markus Jablonski hatte sich viele Modelle ausgedacht, wie man das Areal zukünftig nutzen könnte, doch eine Entscheidung fiel noch nicht.

Riegel hat aber mehr zu bieten als nur die Riegeler Brauerei. Es lohnt sich immer „die" Römerstadt am Kaiserstuhl zu besuchen. Heinrich Schreiber, einem Gelehrten aus Freiburg ist es zu verdanken, dass man im vergangenen Jahrhundert vorsichtig mit Ausgrabungen begann. In dieser Entdeckungszeit registrierte man in Riegel mehr Männer mit Pickel und Schaufel, als die Gemeinde Einwohner zählte. Noch heute würde es jeder Riege-

Zum Andenken überreicht Verwalter Klaus Denzinger an Bürgermeister Markus Jablonski eine der ersten Bierflaschen.

Römerfunde -
Ausstellung im Rathaus Riegel

Mithras Tempel

ler als Selbstverständlichkeit erachten, wenn irgend ein Fremder vor dem Rathaus die Pflastersteine herausreißen würde, ähnlich wie es Ephraim Kishon in seinem „Blaumilchkanal" beschrieb. Niemand würde ihn nach seiner Berechtigung fragen. Jeder Ausgrabung wird fiebernd entgegen gesehen, denn vor Jahren fand man am Nordrand des Ortes siebenundzwanzig keltische Goldmünzen aus dem 2. Jahrhundert v. Chr.. Einer der größten Schatzfunde in Baden-Württemberg.

Wenn man bedenkt, dass seit dem 6. Jahrhundert v. Chr. alle wesentlichen Kulturgruppen hier waren, so hat diese Tatsache viel mit der geografischen Lage zu tun. Die Römer legten, an der Kreuzung der wichtigsten Handelsstraßen vom Oberrhein nach Mainz und zur Donau ein Verwaltungszentrum an, das von Basel bis Baden-Baden zuständig war. Was die Römer alles in Riegel getrieben haben, kann man auf dem archäologischen Rundweg erfahren, der in dieser Form einmalig sein dürfte.

Zunächst bauten sie in Riegel ein Militärlager, aus dem sich ein Handelsdorf entwickelte. Man fand bei Ausgrabungen auch Umrisse eines großen umbauten Forums (75 m lang und etwa

18 m hoch), das eine Markt- und Gerichtsbarkeit einschloss.

1932 entdeckten die Archäologen die Überreste eines Mithras Tempels. Die Römer verehrten den Lichtgott Mithras im Mithräum. Er war unbesiegbar, wie die Sonne, der Lieblingsgott der römischen Soldaten. Die Händler sahen ihn als Beschützer der Wahrheit, der Treue und des Rechts. 1974 wurde die Ruine freigelegt und ist seitdem der Öffentlichkeit zugänglich.

Obwohl die Römer auch viel Unglück säten, hinterließen sie „gottgeweihte" Spuren, die dem Kaiserstuhl bis heute nützlich sind. Sie führten die Weinrebe aus Italien ein, die Kirschen, die Aprikosen, die Quitten, die Mandeln, die Esskastanien. Eine ihrer Lieblingsspeisen war: Gebratene, gefüllte Haselmäuse!

Die Römer wurden verjagt, andere Völker kamen und gingen. Kriege tobten. Die Armut wuchs in Baden schneller als der Spargel. Die „Neue Welt" lockte. Die Endinger gründeten in Venezuela „Colonia Tovar", die Riegeler in Ohio „New Riegel". Orte, die es heute noch gibt und von ehemaligen Kaiserstühlern bewohnt werden.

Einer zog nach Südafrika, der in Riegel geborene Anton Anreith (1754 - 1822), an den sich im Kaiserstuhl kaum jemand mehr erinnert, der sich aber als Bildhauer und Architekt in Kapstadt einen unsterblichen Namen machte. Öffentliche Gebäude und Kirchen verschönerte er mit seiner Kunst. Er wird verehrt, als wäre er heute noch am Leben. Erst als Alfred Bebon auf einer Südafrikareise Anreith in seinen Kunstwerken begegnete und den Mann 1994 im „Riegeler Almanach" würdigte, war er für wenige Wochen Stammtisch-Gesprächsstoff.

Länger sprach man am Riegeler Stammtisch im Jahre 2004 über eine Frau, die den Titel „Mutter Erde" trägt. Vor den Toren Riegels gewährte ihr der Gemeinderat Asyl. Am 10. März 2004 wurde sie mit Spatenstichen „gezeugt" und fünf Monate später brachte sie Bürgermeister Markus Jablonski mitsamt den Gemeinderäten zur Welt. Schon bei der Geburt hatte sie, liegend, die stattliche Länge von 20 Metern. Das Gesamtgewicht konnte nicht festgestellt werden, aber die Bildhauerin Jutta Stern wusste, dass sie genau 300 Kubikmeter Lehm bis zur Geburt verbraucht hatte. Aus Lehm geformt, vom PLENUM gefördert, soll sie die Betrachter „denkanstößig" machen, damit zukünftig mit unserer Erde vorsichtiger umgegangen wird. Aber auch „Mutter Erde" ist vergänglich, denn nur bis zum Jahre 2010 darf sie Gäste nach „Rigola", wie Riegel urkundlich bereits 763 genannt wurde, locken.

Über all' dem Geschehen wacht, hoch oben über der ehemaligen Riegeler Brauerei von Meyers Söhne die Michaelskapelle, die zu einem mächtigen Burgkomplex gehörte, den man im 12. Jahrhundert erbaute. Von dort oben, 245 Meter über dem Meeresspiegel, hat der Wanderer einen herrlichen Ausblick über Riegel.

Die katholische Pfarrkirche St. Martin konzentriert alle Straßen Riegels auf sich. Sie präsentiert sich als Mittelpunkt dieses sehenswerten Ortes.

Nichts ist in Riegel aber schöner, als das Auf- und Untergehen der Sonne zu betrachten, aus dem die Römer bereits einen Kult machten.

Wo gibt es das? Eine Pfarrerin, die glaubt, im Paradies zu sein und sich noch dazu verführen lässt, in einen Apfel zu beißen?

In Riegel! Dort fühlt sich die evangelische Theologin wie zu Hause, obwohl sie außer Riegel noch drei weitere Ortschaften, Endingen, Wyhl und Forchheim betreuen muss. 3.500 „Seelen" insgesamt.

Es dauerte allerdings etwas länger, bis sich die Riegeler an die Pfarrerin gewöhnten. Noch dazu zog sie mit einem langhaarigen Mann in das Pfarrhaus. An der Eingangstüre hängen zwei Schilder mit zwei verschiedenen Namen: Judith Winkelmann und Gernot Meier. Ob das mit rechten Dingen zugeht, dachten sich einige Frauen und nahmen sich vor, gelegentlich nachzufragen.

Nachdem Judith Winkelmann 1997 als Pfarrerin gewählt wurde und am 1. März 1998 ihre Einstellungspredigt hielt, konnte jeder ahnen, dass jetzt ein frischer Wind den Staub vom Altar bläst. Dabei macht sie nichts anderes als ihre Vorgänger, außer, dass sie unkonventionell predigt. So, „als würde eine normale Frau aus dem Leben erzählen", stellte eine Verkäuferin aus dem Metzgerladen fest. Bei ihr darf in der Kirche

DIE PFARRERIN

gelacht werden - auch bei Beerdigungen. Es ist sogar erlaubt, in der Kirche zu sprechen. Man darf auch einschlafen, wenn die Predigt zu langweilig sein sollte. Das kam bis jetzt aber nicht vor, denn diese junge Pfarrerin, aus Unna kommend, steht mitten im Leben und weiß, was es heute bedeutet, Christ zu sein, „die Leute bei der Stange zu halten". Sie erklärt ihrer Gemeinde beispielsweise, warum „das Weib" in der christlichen Gemeinde nicht schweigen darf, warum die Kirche sich nicht von Geld und vom Profitdenken der Welt einholen lassen darf, warum wir die Kirche und mit ihr die Werte-Diskussion in unserer Gesellschaft brauchen, oder warum wir Energie-Sparlampen und ein Solardach brauchen und Strom beziehen sollten aus erneuerbaren Energiequellen.

Ihre Gemeinde weiß inzwischen, dass sie nicht nur eine Frau des Wortes, sondern der Tat ist. Als Beweis dient das Kirchendach der Endinger Evangelischen Kirche, auf dem inzwischen Solarzellen installiert sind. Nicht nur die Männer zollten ihr Hochachtung, auch die Frauen!

Nach Fertigstellung des Sonnenenergie-Kirchendaches standen einige Frauen mit einem Korb der besten Äpfel vor der Haustür der Pfarrerin und bedankten sich. Ganz nebenbei stellten sie die Frage, wann Frau Pfarrerin denn gedenkt, Herrn Meier zu heiraten? Als sie erfuhren, dass Frau Winkelmann bereits seit vielen Jahren mit dem Religionswissenschaftler Gernot Meier verheiratet ist, wurden sie rot wie die Äpfel. Beide schätzen die individuelle Persönlichkeit so sehr, dass sie ihre Namen bei der Trauung beibehielten.

Judith Winkelmann nimmt einen Apfel aus dem Korb und beißt herzhaft hinein. „Ich fühle mich hier wie im Paradies", sagt sie. Sie lebt und predigt eine Theologie der Schöpfung, die in unsere Verantwortung gelegt ist. Das Paradies Kaiserstuhl muss bewahrt werden. „Wenn man hier wohnt, ist man der christlichen Botschaft sowieso näher!"

Abendstimmung über Riegel

Damals, 1969, trug er rote Stiefel und sagte zu dem Intendanten des Theaters einfach „Herr Brock", ohne Nennung seines Titels. Über so viel Protest eines Jung-Schauspielers seines Ensembles war der „Herr Intendant" empört. Nach zwölf Monaten verließ der rot beschuhte Rebell Klaus Spürkel auf eigenen Wunsch dieses Theater.

Er stand nicht lange auf der Straße, denn er war von seinem Können überzeugt und sah gut aus. Da er auch die Intendanten von seinem Talent überzeugen konnte, spielte er an vielen namhaften Theatern Deutschlands. Im Verlauf der Jahre wurde Klaus Spürkel zu einem seriösen Schauspieler. Der heute, meistens in schwarz gekleidete Mann, hünenhaft mit sonorer Stimme, Heinrich George gleichend, wurde zu einem gefragten Künstler für Fernsehen und Rundfunk. Viele Angebote konnte er nicht annehmen, denn im Jahr 1981 machte sich Spürkel selbständig, baute eine Scheune in Nimburg zum 70 Personen fassenden Theater um und spielte, was ihm gefiel. Es wäre jedoch falsch zu sagen, dass er nur sich in den Vordergrund stellte. Im Gegenteil, das Publikum wurde im Verlauf der Zeit für ihn sehr wichtig. Er eilte von

DER REBELL

Erfolg zu Erfolg, vor allem, wenn er seine eigenen Stücke spielte, bei denen er dem „Volk auf's Maul" sah. Die Zuschauer fanden keinen Platz mehr. So kaufte er 1997 von der Gemeinde Riegel den Kopfbahnhof und baute dieses Haus zu einem Theater mit Freilichtbühne um. Die „Kumedi" ist heute eines der angesehensten Kleintheater in Südbaden. Auf dem Spielplan stehen komödieantisch, kabarettistische Stücke, größtenteils mit Lokalbezug. Diesen Erfolg teilt er mit seiner Frau, Elisabeth Fünfgeld. Von ihr, sowie vom Kaiserstuhl möchte er sich nicht mehr trennen.

Das Vulkangestein gibt ihm die Energie für seinen „Knorrenkopp", sagt er, mit dem er ab und zu durch die Wand gehen möchte.

Vielleicht hat Spürkel aus Sicherheitsgründen eine Betonwand um die Freilichtbühne errichtet.

Da steht das „Alte Feuerwehrhaus" in Riegel und reckt sein Türmchen in den Himmel, als wäre es ernsthaft ein Konkurrent zum Turm der St. Martinskirche.

Des Türmchens jetziger Besitzer ist nahezu konkurrenzlos. Er fotografiert wie vor hundert Jahren - schwarzweiß -. Telemach Wiesinger ist sein Name, 1968 geboren. Er lebt und arbeitet seit geraumer Zeit in Riegel. „Warum?", frage ich ihn. „Es ist mir zugefallen. Wenn man nicht sucht, findet man." Das hört sich an, als wäre er ein Esoteriker oder ein Buddhist. „Weder noch", entgegnet er etwas stolz. Aber er ist ein Mann, der es versteht, seiner inneren Stimme zu folgen.

Einem Berufskollegen zeigte er den Kaiserstuhl. Er wollte ihn in letzter Minute davon abhalten, in Berlin sein Domizil aufzuschlagen. „Denkste", sagte dieser. Die Landschaft ließ ihn kalt. Er glaubt, den Puls der Zeit nur in Berlin spüren zu können.

„Ich liebe es, dass am Kaiserstuhl die Uhren langsamer ticken. Ich brauche keine Unruhe. Ich muß immer wieder meine innere Stimme abhören können, denn wenn ich an Fotografien arbeite, wie beispielsweise für das Buch 'Mensch Freiburg, Gesichter einer Stadt', so muß ich

immer wieder von Neuem lernen, dem Objekt 'Mensch' mit Würde und Respekt zu begegnen. Immerhin schenkt es mir einige Minuten seines Lebens, das ich in einem Sekundenintervall festhalte."

Der sympathische Telemach Wiesinger studierte in Kassel visuelle Kommunikation für Fotografie und Film. Ausstellungen in vielen Städten der Welt sowie namhafte Preise brachten ihm einen internationalen Bekanntheitsgrad ein. Sein letzter Film trägt den Titel: 'Landed Expanded', der in Freiburg uraufgeführt wurde. Eine Performance in Filmsequenzen von jeweils drei Minuten, die in Abwechslung mit und ohne Ton über die Kinoleinwand flimmern. Der Kinobesucher aber merkt nicht, dass der Ton fehlt, denn sein 'Innenohr' kompensiert das Klangbild weiter.

Genauso ist es mit der Schwarzweißfotografie. Der Betrachter vervollständigt sie mit seiner eigenen Farbvorstellung!

Kürzlich fotografierte Telemach Wiesinger die 'Toten Räume' der Riegeler Brauerei. Ob sie imaginär mit Farbe belegt werden können?

DER LICHTBILDNER

Brunnen mit Kopf
des römischen Kaisers Vesparsian
von Guido Messer

DIE KIRCHE BLEIBT AUF DEM BERG

Die Bahlinger wollen hoch hinaus

Machen wir gemeinsam mit den Bahlingern einen Höhenflug. Sie wissen ja, „man sollte die Kirche im Dorf lassen", wird gesagt, wenn man übertrieben zu schwärmen beginnt.

Die Kirche in Bahlingen ist nicht im Dorf. Sie steht schon lange hoch oben auf dem Berg. Beschaulich, beschützend, eine ehemalige Wehrkirche. Sie zählt zu den ältesten evangelischen Kirchen in Baden. Chor und Langhaus sind spätgotisch, der Turm romanisch.

Die Bahlinger (erstmals 762 erwähnt) haben ihre Kirche nicht im Dorf gelassen und taten gut daran, denn sie brauchen ihr Licht nicht unter den Scheffel zu stellen. Ein sauberes, uraltes Dorf mit zum Teil hervorragend renovierten Fachwerkhäusern, die Festungen gleichen, wenn der „Schwibogen" und das „Läuferle" geschlossen sind. Von den gemütlichen Wirtschaften mit einer reichen Auswahl von Gewächsen der Winzer vom Silberberg und anderen begehrten Lagen kann man nur träumen. In der „Strauße uf'm Buck" sollte man einmal gewesen sein, nicht um eine Stunde auf einen freiwerdenden Platz zu warten, aber um sich Zeit zu nehmen, mit sonder- und wunderbaren Figuren, Statuen und Bildern, Zwiesprache zu halten.

Aus einem Körper wachsen Füße, Beine und Finger, dreifach so groß, zehnmal so klein wie in der Wirklichkeit. Sie scheinen alle miteinander zu kommunizieren, lautlos. Man versteht sie erst, wenn man sie lange genug angesehen hat.

Schade, gerade jetzt bietet man mir in der Strauße einen Stuhl an.

Der Wein ist süffig, das Essen schmeckt, die Plastiken aber liegen noch im Magen - man muss sie erst verdauen.

Den Mittelpunkt von Bahlingen bildet das Rathaus. Der Weg ist leicht zu finden, denn alle Wege scheinen dorthin zu führen. Vorbei an Häusern, auf deren Giebel Störche um die Wette klappern, vorbei an Tante-Emma-Läden, an Winzer-Häusern, die schon in aller Frühe zur Weinprobe einladen, vorbei an Schneckenhäusern, groß wie eine Hundehütte.

Das Rathaus präsentiert sich schlicht und einfach. Vor dem Eingang plätschert ein Brunnen, dessen Charakteristik mir bekannt vorkommt. „Wer ist der Künstler?", frage ich einen Einheimischen. „Wer soll der Künstler schon sein", antwortet er kopfschüttelnd. „Unser Schwarze natürlich!" Die Gemeinde ist stolz auf diesen Mann.

Ich sehe mir das Rathaus näher an. Drinnen im Treppenhaus, auf der Frontseite eines Weinfasses, entdecke ich einen fast nackten Mann, bekleidet nur mit einem Lendenschurz aus Blumen und Weintrauben, sowie einer Traubenkrone. In der rechten Hand hält er ein Weinglas und in der linken eine überdimensionale Traubenranke. In der naiven Malerei bestechen die großen Augen und der Schnurrbart. Im Jahre 1757 hat ihn ein begabter Schreiner geschnitzt. Der Plastik wurde der Name „Hoselips" gegeben, die einstmals den Ratswein im Keller unter dem Rathaus beschützte. Der Wein in diesen Fässern war besonders wertvoll, denn er stellte die Steuereinnahmen der Stadt dar. Eines Tages, so wird erzählt, kaufte ein Mannheimer Weinhändler viele Flaschen des edlen Bahlinger Ratsweines und wollte als Zugabe den „Hoselips". Der Bürgermeister und der Ratsschreiber stimmten zu. Die Strafe ließ nicht lange auf sich warten, denn die Winzer fuhren seit diesem Tag keine gute Ernte mehr heim. Der „Hoselips" musste wieder nach Bahlingen kommen. Nach langwierigen Verhandlungen gelang es dem Bürgermeister, den „Hoselips" zurück zu kaufen. Und siehe da, die Weinernten

„Hoselips"

wurden von Jahr zu Jahr besser! Der „Hoselips" war eines der ersten markanten Zeichen einer Art „Kaiserstühler Volkskunst" und man fragt sich heute, warum sie keine Fortsetzung fand. Zugegeben, die Zeiten waren damals schwer und den Kaiserstühler interessierte alles andere mehr als die Entwicklung einer Volkskunst.

In der Zeit, in der der „Hoselips" entstand, wanderten viele Bahlinger aus. Es gab nur noch „230 Haushaltungen mit 241 Bürgern, darunter 76 Witwen und Weisen, 12 Hausarme, 10 Elende". In den Gewerbebetrieben zählte man noch: „10 Schuhmacher, 9 Weber, 9 Metzger, 6 Küfer, 6 Schneider, 4 Bäcker, 3 Zimmerleute, 2 Schmiede, 2 Wagner, 2 Maurer, 1 Müller, 1 Schreiner."

In den Jahren von 1761 - 1764 forderte die Gemeinde ihre Bürger auf, ehrenamtlich die Ortsstraßen zu pflastern. Sie mussten die Steine „3 Stunden weit herfüered und ein jeder Bürger mußte 160 mahl mit seinem Viech fronen". Als die Pflasterung vollendet war, stiftete man zu Ehren der Bürger, die diesen Gemeinschaftsdienst durchgeführt hatten, einen „Denkstein", dessen Entwurf von einem Schweizer namens

Johann Jakob Kaufmann gemacht wurde. Wie ein großer Orden aus rotem Sandstein ziert er die Fassade des Rathauses. Damals ärgerten sich viele Bürger, dass ein selbstverständlich freiwilliger

Dienst die Würdigung durch eine Gedenktafel erfuhr.

Vielleicht sahen die Bahlinger, überhaupt die Kaiserstühler, in der Pflege einer eigenen Kunst mehr oder weniger die Ehrung ihrer selbst, die sie nicht öffentlich zur Schau stellen wollten. Vielleicht ließ es ihre Bescheidenheit bis zum heutigen Tag nicht zu, der Phantasie einen großen Raum zu geben - einen Raum, den der Bahlinger Künstler Michael Schwarze mit Erfolg auszufüllen versucht -. Er und seine Frau kauften eines der herausragenden Fachwerkhäuser Bahlingens aus dem Jahre 1798, renovierten es und gaben den noch leeren Räumen 1989 ein phantastisches Leben.

Unweit von Schwarzes Haus führt eine Straße vorbei an einer uralten Linde, die mitten auf der Straße steht, hinauf nach Bad Silberbrunnen. Ein herrliches Plätzchen, ein ehemals herrschaftliches Haus, das zu verkommen scheint, in dem man aber immer noch Kaffee und Kuchen bekommt ...

Ehemaliges Kurhaus Bad Silberbrunnen

Der Sage nach soll Bad Silberbrunnen von Graf Hesse, dem Nimburger Burghesse, gegründet worden sein. Wie kam es dazu:

„In Endingen wohnte eine arme Witwe, Kräuterlies genannt, mit ihrer Tochter. Die alte Lies suchte täglich am Kaiserstuhl würzige Kräuter und verkaufte dieselben an die Apotheker in Freiburg und Breisach. Von dem Erlös bestritt sie den Lebensunterhalt für sich und ihr Kind. An einem heißen Julimorgen sammelte sie wieder Kräuter. Die Hitze machte die Kräuterlies so schwach, dass sie ohnmächtig wurde. Als sie wieder zu sich kam, sah sie ein kleines zierliches Männchen, das ihr zuwinkte. Sie folgte ihm. Plötzlich standen sie zwischen zwei großen Bäumen, in deren Mitte ein Stein lag. Der Zwerg wälzte den Stein zur Seite und sogleich

schoss klares Wasser aus dem Boden. Die Kräuterlies trank von dem Wasser und fühlte sich gleich wieder wohl. Sie goss das Wasser in die Flaschen, erzählte von dessen heilsamer Wirkung und hatte

bald viele Abnehmer. Auch die kranke Tochter des Grafen Hesse von Nimburg machte das Wasser der Kräuterlies wieder gesund. Aus Dankbarkeit ließ der Graf die Quelle einfassen und daneben ein kleines Wirtshaus bauen. Als der Bau fertig war, schenkte der Graf das Anwesen der Tochter der Kräuterlies, die dann den Grafen Oberjäger heiratete und somit die erste Besitzerin von Bad Silberbrunnen war."

Warum kann nicht noch einmal ein Wunder geschehen - denken viele Bahlinger - um das abbruchreife Haus in ein schönes Hotel zu verwandeln. Wer dort oben auf 440 Meter Höhe wohnt, sieht die Sonne als erster auf- und als letzter untergehen.

Bahlingen ist nicht nur eine Winzergemeinde, die größtenteils ihre Rebterrassen in der ursprünglichen Form erhalten hat, sondern wurde im Verlauf der Zeit auch zu einer Gemeinde der Kaiserstuhl-Wanderer. Auf gepflegten Pfaden sollten Sie sich eine Weinbergwanderung nicht entgehen lassen. Die mächtigen Hohlwege durch die Lössberge - Narbendenkmäler im wahrsten Sinne des Wortes - begeistern. Tiefen bis zu 25 Meter werden erreicht, oftmals ein Labyrinth, in dem man sich tatsächlich verirren kann. 1970 wurden im

Kaiserstuhl noch 97 Hohlwege registriert, mit einer Länge von 25 km. Im Zuge der damaligen Flurbereinigung schüttete man viele dieser „Spuren der Menschheit", die ca. 400-800 n. Chr. unwillkürlich geschaffen wurden, wieder zu. „Gars", „Schlucke" oder „Kinzge" werden die Hohlwege von den alten Bahlingern genannt. Nicht selten stehen sie um vier Uhr morgens auf, um in den Hohlwegen zum Silberbrunnen zu gelangen, denn wer beim ersten Strahl der Morgensonne und dem letzten der Abendsonne vom Wasser des sagenumwobenen Brunnens getrunken hat, soll eines Tages in den Kaiserstühler Himmel kommen.

„Jedem das Seine", lächeln die Bahlinger in der Gelassenheit eines Friedrich des Großen.

Solange die Kirche nicht im Dorf steht ist alles gut.

Kellerluken in Bahlingen

DIE NEUGIERIGEN

Im Jahre 1960 kam der Architekt Rolf Brinkmann an den Kaiserstuhl und heiratete dort seine Frau Margrit aus Bahlingen.

Historisch interessiert wandte sich Rolf Brinkmann schon früh der Beschäftigung mit der Burgruine Hochburg bei Emmendingen zu. In den siebziger Jahren des vergangenen Jahrhunderts entstanden erste Bauaufnahmen. Seit der Gründung des Vereines zur Erhaltung der Hochburg e.V. engagierte er sich dann auch für die baulichen Erhaltungsmaßnahmen und übernahm die Leitung der in jenen Jahren entstandenen Arbeitsgruppe, in der er heute noch aktiv tätig ist.

Margrit Brinkmann nahm von Anfang an regen Anteil an den Forschungs- und Erhaltungsarbeiten ihres Mannes. In der Beschäftigung mit dem Bahlinger Kirchenbuch und der sich daraus entwickelnden Erkundung der Geschichte der Bahlinger Geschlechter und deren Spuren, die diese in den vielfältigen Hauszeichen und Hausinschriften hinterlassen haben, fand sie ihr eigenes Forschungsfeld.

Beeindruckend für sie ist die Vielfalt der Eingangstore. Die großen „Scheunentore" mit einem Sandstein-Rundbogen und daneben das gleiche Tor in einer kleineren Ausführung. „Schwibogen" und „Läuferle", wie man diese Einheit am Kaiserstuhl und im Elsass nennt, findet man in dieser Vielfalt nur noch am Kaiserstuhl. Das „Läuferle" dient dabei als Personendurchgang. Neben den kleinen unscheinbaren Häuschen der Tagelöhner und Kleinbauern, die leider immer mehr verschwinden, fallen die stattlichen Fachwerkbauten der wohlhabenden Großbauern auf, mit den hohen Sockelgeschossen, deren Keller nur wenig in den Baugrund eingelassen sind. Interessant ist die Vielfalt in der Gestaltung der Kellerluken und deren unterschiedliche Verschlusstechniken, mit denen man Licht und Temperatur regeln konnte.

Inzwischen haben die beiden „Neugierigen" über achtzig historische Gebäude und deren ursprüngliche Erbauer dokumentiert. Rolf Brinkmann hat ca. fünfzehn weitere unter Denkmalschutz stehende Bauten im Kaiserstuhl renoviert und restauriert.

Bronzeskulptur von Michael Schwarze - „Die Kaiserstühlerin"

Wenn es sein muss, versteht er es, sich zu verstecken: Michael Schwarze. Seine Zeichen aber sind überall in Bahlingen. Der Rathausbrunnen, die Hände, die Skulpturen und Bilder in der Strauße „uf'm Buck" und die „mythische Triade", hoch oben auf dem Berg gegenüber seines Hauses. Dieses Haus ist schwer zu finden. Kein Namensschild ist an dem Eingangstor angebracht. Schwarze ist überzeugt, dass diejenigen, die ihn finden wollen, auch finden werden. Nur wenn man ihn gefunden hat, versteht man seine Kunst und wandelt mit ihm auf dem geheimnisvollen Weg des „Gilgamesch" (Sumerischer König, 2600 v. Chr.). Still und bescheiden geht er diesen Pilgerweg. Wer sich ihm anschließt, profitiert. Allein die Ruhe, die Schwarze ausstrahlt, erweckt neues Leben. Im Nachhinein kommt man sich unheimlich aufdringlich vor, wenn man wissbegierig nach seinem Werk fragte, oder wenn man mehr sprach als er.

Schwarze ist ein international bekannter und anerkannter Bildhauer, Meisterschüler von Prof. Karl Hartung. Seit 1989 fühlt er sich mit seiner charmanten, liebenswürdigen Frau und Managerin in einem renovierten Bauernhaus wohl.

Öffnet er dem Gast das „Läuferle", das kleine Eingangstor, zum rustikalen Innenhof, dann weiß das Auge nicht so recht, wo es sich einen Halt suchen soll. Eine nahezu südländische Farbenpracht. Blumen, Treppenhäuser, Bäume, Springbrunnen, Statuen, Balkone. Seine Werke mit den übermenschlichen Proportionen kriechen aus der Tiefe eines Blätterwaldes, sehen über die Bougonvilien und suchen sich unter den Tischen einen Weg zum Licht.

Schwarze hat es verlernt, im Vordergrund zu stehen. Seine Schöpfungen sind erwachsen geworden und haben ihre eigene Ausstrahlung.

Sie können einem Magenschmerzen bereiten, bis man sie versteht.

Den Miniaturen stehen monumentale Einzelplastiken gegenüber, bis hin zu dem Zyklus „Gilgamesch", dem er in den unteren Kellergewölben seines Hauses ein vergängliches Werden schuf, das ewige Jugend schenkt. Er setzt den Surrealismus nur als Mittel zum Zweck ein. Er soll sich in die Geschichte, die der Betrachter erfindet, wieder verflüchtigen.

Einem Schneckenhaus (Titelseite) gab er den Namen „Die Kaiserstühlerin". „Handschmeichler" betitelt er derartige Plastiken, die gut in der Hand liegen. Aus dem Schneckenhaus strecken sich menschliche Beine, die von Händen Halt bekommen, ein- oder auszusteigen.

Verkriechen, Abtauchen, Wegsein und Wiederkommen im ewigen Da-Sein.

DER GILGAMESCH

SCHNEE VON GESTERN

Nimburg und der Kaiserstuhl

Die Nimburger erzählen sich gerne Geschichten von damals. Der Meistererzähler unter ihnen war Theodor Schindelmeier, der 1972 seinen Stammtischbrüdern mitteilte, wie Nimburg seinen Namen erhielt:

„Es isch scho vili hundert Johr her. Sellimols isch uf em Beckebirgli bi Nimburg am Kaiserstuhl dört, wu me au ‚uf der Burg‘ sait, ne Burgherr uf siinere schöngelegene Burg gsesse. Uf ere andere Burg in der Nöchi het der Nochber glebt. Der isch aber all niidisch gsi uf dem Burgherr siini schöni Burg, meh aber noh auf den Burgherr siini bildschöni Frau. We me Strit un Händel suecht, loßt sie liicht e Grund finde. An eme schöne Tag het der Nochber dem Burgherr der Chrieg achündige loo wege ere Chleinigkeit und het en gli druf uf der Burg überfalle.

Der Burgherr het kei Zit zuem rüste gha, het sich wohl gwehrt mit siine Manne, aber der Nochber het d Burg in Bschlag gnu. Der het si gfreut, aß er jetz das unbedingt hätt chönne, was er scho lang gern gha hätt, nämlich em Burgherr sii Frau. D‘ Burg wird der Burgherr chuum ufgee wölle, het er si scho gfeut. Drum het er zuem Burgherr gsait: ‚I verlang vu dir entweder dii Burg oder aber dii Frau!‘ Do het sie der Burgherr aber nit lang bsunne: ‚So nimm d Burg!‘ het er im Nochber z Antwort gee, will er sii Frau vil höcher geschätzt het. Un drum het me dere Burg un im Dorf untedra ‚Nimburg‘ gsait.“

Der Schindelmeier wusste auch noch, dass sich bis vor wenigen Jahren die ewig Gestrigen von Nimburg und vom Kaiserstuhl spinnefeind gewesen sein sollen.

Die Schadenfreude kannte keine Grenzen mehr. Zog ein Unwetter über den Kaiserstuhl nach Nimburg oder von Nimburg über den Kaiserstuhl, dann wünschten sie sich gegenseitig die Hölle.

Einmal hatte ein großer Hagelschlag einen Großteil der Kaiserstühler Weinernte vernichtet. Hätten einige beherzte Nimburger Winzer den geschädigten Kaiserstühlern nicht geholfen, dann wäre es schlecht um sie bestellt gewesen.

Endlich sahen sie ein, dass ein Zusammenschluß der Nimburger mit den Kaiserstühlern für beide Teile von Nutzen sein könnte. Da meldeten die Gestrigen wieder ihre Bedenken an.

Bergkirche Nimburg

Geologisch gesehen paßt Nimburg nicht zum Kaiserstuhl. Wir nehmen keinen „unehelichen Sohn" an, sprachen schließlich die Kaiserstühler. So ging es jahrhundertelang weiter.

Wußten die Winzer vom Kaiserstuhl eigentlich, dass dem Nimburger Wein bereits in den Anfängen der Besiedlungsgeschichte besondere Bedeutung beigemessen wurde? Zeitweilig bewirtschaftete man um 1745 bis zu 54 ha Rebfläche. (Im Jahre 2005 waren es 65 ha.) Erst in Anbetracht der Wertschätzung gegenüber anderen Feld-Obst- und Sonderkulturen erfuhr der Nimburger Wein

einen erheblichen Rückgang. Anfang des 19. Jahrhunderts ließ man die Weinbauflächen zu einer Größenordnung von knapp 13 ha zusammenschrumpfen, bis man 1958 nur noch 5 ha Anbaufläche hatte.

Dabei war der „Nimburger", so wie er gewachsen war, ein begehrtes Zahlungsmittel für Steuern und andere Abgaben. Sammelstelle für den ausgebauten Traubensaft war der Keller unter der großen Zehntscheuer im Oberdorf. Oft bis zu 52.000 Liter „Zinswein" lagerte einst hier. Rebstücke waren vorrangig beliebte Pfandobjekte bei Verschuldungen oder bei

einer möglichen Steuersäumnis. Wer von den Nimburger Reben besaß, war vermögend und somit angesehen.

Aber die Zeiten änderten sich.

„Es war vor allem die laufend praktizierte Realteilung des Grundbesitzes, die sich auf den Nimburger Weinbau wirtschaftlich am schlimmsten ausgewirkt hatte. Johann Georg Stolz beispielsweise besaß um 1750 insgesamt fünf Juchert Rebland, also eine Fläche von 180 ar. Nur knapp dreißig Jahre später war dieser Besitzstand aufgrund fortgesetzter Güterzerstückelung durch Erbteilungen unter acht Einzelbesitzern

aufgeteilt. Und so erging es auch anderen Familien. Dazu kam noch, dass Markgraf Karl-Friedrich von Baden-Durlach (1728-1811), die Veveyer Reben - den Gutedel einführen wollte - doch die Nimburger waren nicht dafür zu gewinnen. Sie konzentrierten sich längst auf eine andere Agrarspezies, die ihnen einträglicher erschien, auf Hanfanbau und dessen Verarbeitung.

Aus dem siebzehnten Jahrhundert bereits ist dokumentarisch belegt, dass sich Nimburg neben dem Weinbau besonders stark im Hanfanbau profilierte. Hanf bot die Existenzmöglichkeit schlechthin für viele. Denn außer den daraus hergestellten Gegenständen für den eigenen Bedarf, war ‚Hänfenes aus Nimburg' eine ausgesprochen vielseitige und gewinnintensive Handelsware. In häuslicher Produktion hergestellte Säcke und Seile fanden Abnehmer."

Um 1830 war eine Stagnation des Nimburger Hanfanbaues zu verzeichnen, da viele Produkte aus dem Ausland bezogen wurden. Man bemerkte, dass während der Zeit des Hanfanbaues der Wein vernachlässigt wurde und es dauerte sehr lange bis man nach dem 2. Weltkrieg wieder Vertrauen in die Weinwirtschaft hatte.

Sorgen bereitete den Winzern von Nimburg-Bottingen die Jahre 1955-1958, da sie ihre Trauben trotz guter Qualität nicht oder weit unter dem Preis an den Handel verkaufen mussten.

Deshalb taten sich einige vorausschauende Winzer zusammen und gründeten am 20. Oktober 1958 die Winzergenossenschaft Nimburg-Bottingen.

Da es damals noch relativ wenige Mitglieder gab und die Rebfläche zu gering war, lohnte es sich nicht, eine eigene Kellereianlage zu errichten. So wurde beschlossen, als vollabliefernde Genossenschaft in den Kaiserstuhl zu gehen und zwar zur Zentralkellerei Badischer Winzergenossenschaften (ZBW) in Breisach.

Die vergangenen Jahrzehnte haben gezeigt, dass dieser Entschluß richtig war. Der uneheliche Sohn gewann Profil. Dies schlägt sich in der ständig steigenden Mitgliederzahl nieder. So waren es im Gründungsjahr vierzehn Mitglieder; 1977 waren es bereits achtzig Mitglieder mit einer bewirtschafteten Rebfläche von ca. 50 ha.

Über 90% der geernteten Trauben aus der Rebenanbaufläche in Nimburg-Bottingen werden heute genossenschaftlich erfaßt. Durch einen hervorragenden Ausbau seitens der ZBW wurde der Fleiß der Winzer belohnt. Mit Stolz kann die Winzergenossenschaft Nimburg-Bottingen auf ihre prämierten Weine hinweisen. Sie reichen von Silber- über Goldmedaillen bis zum großen DLG-Preis der Bundesweinprämierung.

Die Kaiserstühler Winzer bekamen große Augen, aber sie wollten den unehelichen Sohn erst dann offiziell anerkennen, wenn alle Untersuchungen, einschließlich des Gentestes, sprich geologische Zugehörigkeit, zu einem positiven Ergebnis führten. Das Untersuchungsergebnis lag am 1.1.1975 vor. Der uneheliche Sohn mußte vom Kaiserstuhl anerkannt werden. Die ewig Gestrigen verstanden die Welt nicht mehr.

Durch die sogenannte „Nimburg-Scholle" ist das Dorf seit undenklichen Zeiten mit dem Kaiserstuhl verbunden. Die Fauna und Flora gleicht fast der des Kaiserstuhls. Die Charakteristik der Menschen ist der des Kaiserstühlers ähnlich. Die Weine entsprechen dem hohen Niveau der Kaiserstühler.

Die Chronik zur „Vaterschaftsfindung" wurde ganz offiziell zum tausendsten Geburtstag von Nimburg im Jahre 1977 vorgestellt:

Jetzt wo die Winzer auf die Frage, warum Nimburg zum Kaiserstuhl gehöre, ohne schlechtes Gewissen antworten könnten, fragt niemand mehr.

Die berühmte Bergkirche rückt in den letzten Jahren in den Vordergrund, denn sie ist nicht nur für Kunsthistoriker und Archäologen eine Sehenswürdigkeit.

1052 wird Nimburg erstmals beschrieben. Ab dem Jahre 1083 erscheint das Geschlecht der Grafen von Nimburg im Breisgau. Die Kirche hat im Mittelalter eine wechselhafte Rolle gespielt. Im Jahre 1456 wird sie vom Pfalzgrafen von Tübingen an den Markgrafen von Baden verkauft. Das Antoniterhaus in Freiburg etabliert zu dieser Zeit eine Niederlassung des Ordens auf dem Nimberg. Ober-Nimburg wird zu einem Hospitalkloster des reichen Antoniterklosters dessen Besitzungen schon damals Ländereien im Kaiserstuhl und um den Nimberg umfasste. Offiziell wurde zwar 1556 die Reformation in Baden eingeführt, doch 1629 werden immer noch „zwei welsche Münch, mit so langen schwarzen Kutten und einem blauen Creuz" erwähnt. Eine spannende Geschichte entwickelte sich, die es wert ist, nachzulesen. Sehenswert sind übrigens auch die Fresken, die man vor wenigen Jahren freigelegt hat.

Nimburg und der Kaiserstuhl sind endlich eine Einheit geworden, für die Ärger und Neid „Schnee von gestern" ist.

VOM DORF
DER LEIBEIGENEN
ZUR MITBESTIMMUNG
DER BÜRGER

Eichstetten als Vorzeigedorf

Pumpenturm mit Fünfbogenbrücke in Eichstetten

Kein Dorf wie jedes andere. Dafür sorgen seine Bürger und Gerhard Kiechle, der im Jahre 2005 der dienstälteste Bürgermeister (24 Jahre) vom Kaiserstuhl war. Seine Bürger und er schafften es bei der Nominierung von 76 Städten im Jahre 2002 den 1. Preis im Wettbewerb „Zukunftsfähige Kommune" zu erhalten. Einige Kriterien aus der Beurteilung: „Zukunftsorientiertes Wohnen - Arbeiten - Erholen, schonende Energieerzeugung, ökologische Landwirtschaft, ländliche Akademie, Kulturlehrpfad Kaiserstuhl, Senioren-Wohnanlage, Bürgerbüro".

Wie sah es in dem 3.200 Einwohner umfassenden Dorf vor ca. 250 Jahren aus ?

„Alle Underthanen und Einwohner zu Aychstetten", so heißt es im „Herrschaftsurbar", „ob Manns unnd Frawen Personen, so nit andere frembde Leibherrschafften haben, seindt der Marggravenschafft Hachberg leibaigen."

Der „freie Zug", das heißt, wenn sich die Leibeigenen aus der Stadt oder dem Dorf entfernen wollten, mussten die bisherigen Herrschaften genehmigen und wurde mit der Bezahlung erheblicher Gebühren versehen. Als Ausfuhrzoll musste man mindestens 10 % aus dem eigenen Vermögen hinlegen. Erst dann konnten sie in die Stadt, wo sie Gott „hingeleyten" wird, ziehen.

Die Untertanen mussten zusätzlich Frondienste leisten, z. B. Arbeiten auf den Gemeindeäckern, den zehnten Teil der Kornernte abführen, Forstarbeiten leisten, beim Treiben der herrschaftlichen Jagd helfen, Arbeiten in den Reben, ... Erst nach und nach lockerte sich die Lage der „deutschen Sklaven".

Was würden diese Leibeigenen sagen, wenn sie Eichstetten am Anfang des 21. Jahrhunderts erleben könnten!

Bürgernähe und Mitbestimmung zeichnen diese einmalige Gemeinde aus. Aus dieser Beteiligung entwickelte sich eine persönliche Verantwortung für den Nächsten, für Projekte, die viele Generationen überstehen werden und beispielhaft sind.

Bürgermeister Kiechle entwickelte mit der Bevölkerung eine „Agenda 21", in der keine unerfüllten Wünsche stehen, sondern machbare Projekte in einem Ort zum Wohlfühlen. Verbunden mit der Beratung von Fachleuten erarbeiteten die Bürger ein Gesamtkonzept für ihr Dorf. Für ältere und behinderte Menschen gründete man eine Solidargemeinschaft. Diese erbaute in der Dorfmitte, hinter der historischen Fassade des ehemaligen Gasthofes „Zum Schwanen" ein Haus mit 17 Wohnungen. Dort gibt es auch eine Begegnungsstätte, die einmalig am Kaiserstuhl ist.

Die Bürger beteiligen sich nicht nur ideell, sondern auch finanziell. Gelder eines Wohlfahrtsverbandes oder des Landes stehen nicht zur Verfügung.

Eichstetten machte sich als Bioland einen vorbildlichen Ruf. Wein, Obst- und Gemüseanbau gibt es schon seit undenklichen Zeiten. 60 hauptberufliche Landwirte bestellen ihr eigenes Land. „Gemüse aus Eichstetten" ist nicht nur auf dem Freiburger Markt am Münster ein Begriff, sondern in ganz Südbaden. Wenn morgens die aufgehende Sonne den Horizont über Freiburg rot färbt, dann sagt man, dass die „Gälrueble" (Gelbe Rüben) aus Eichstetten auf dem Markt sind. Mit etwa 150 Hektar ökologisch bewirtschafteter Fläche - 16 % der gesamten landwirtschaftlichen Nutzfläche - liegt Eichstetten über dem bemerkenswerten Durchschnitt von 3 %.

Eichstetten ist trotz der Erfolge ein bescheidenes Dorf geblieben. Seine Einwohner sind schlichte, unaufdringliche Menschen, die es noch verstehen, mit der Natur zu leben. Keine Familie ist arm.

Jeder will eines Tages zufrieden sterben, indem er, wie es seine Eltern, Großeltern und die Urgroßeltern schon getan haben, ein Grundstück für die Kinder und wenn möglich auch für die Enkel hinterläßt.

Ein Sprichwort sagt: „In Bahlingen lebt man reich und stirbt arm. In Eichstetten lebt man arm und stirbt reich."

Ein Kommentar neueren Datums: „Als die Sparkasse Bötzingen und Eichstetten fusionierten, kam von Eichstetten das Geld und aus Bötzingen die Kontonummer." Das Geld sitzt bei den Eichstettern nicht locker, aber für die „Feschtle" hat man gespart, vor allem für das alle zwei Jahre stattfindende „Schwibogewifescht", das die Gäste aus nah und fern anlokkt. Dieses Fest wird zu Ehren der vielseitig gestalteten Tore, die von Sandsteinbögen umfaßt sind, gefeiert. Sie bieten Einlaß in Hof und Haus. „Alle Festbesucher sind fröhlicher Stimmung. Selten, dass eine Prügelei stattfindet", erzählt der Apotheker Winfried Kullmer, der die 1798 gegründete Apotheke von seinem Vater geerbt hat, der sie

wiederum 1936 kaufte. Er weiß zu berichten, dass Eichstetten schon im 14. Jahrhundert äusserst fortschrittlich war, denn man unterhielt für die besser gestellten Bauern sogar eine Badstube. Der „Bader" war nicht nur für die Beaufsichtigung verantwortlich, sondern auch für die Körperpflege und für das Haareschneiden. 1567 wurde der Eichstetter Bader sogar namentlich erwähnt: Martin Bartolome. Lange Zeit waren die Bader hier auch für den kranken Menschen zuständig. Doch konnte man 1558 in dem ersten evangelischen Pfarrer auch einen „medicinal doctor" nachweisen. Viele Jahre hatte dann Eichstetten keine Apotheke mehr. 1798 schließlich richtete der in Emmendingen lebende Bürger Wilhelm Leopold Sonntag ein Bittgesuch an Markgraf Carl Friedrich in Eichstetten, eine Apotheke aufmachen zu dürfen nebst „specerey-Handlung".

Dem Antrag wurde stattgegeben. Seit dem ist Eichstetten nie mehr ohne Apotheke gewesen.

Wenn sie fragen, was ist sehenswert in Eichstetten, dann kann man darauf nur antworten: „Alles." Da ist das Wahrzeichen des Dorfes, der Pumpenturm. Nahezu zwei Jahrhunderte existierte er

nicht mehr, denn das Bauwerk aus dem 16. Jahrhundert wurde während des Dreißigjährigen Krieges zerstört. Sehenswert ist auch die sich am Turm anschließende Fünfbogenbrücke, der im Jahre 2004 die erste Wein-Nacht gewidmet war. Unter dieser Brücke fließt die Dreisam, in der die Frauen bis in die dreißiger Jahre des vergangenen Jahrhunderts ihre Wäsche gewaschen haben. Auch gebadet wurde in dem Fluß, das aus moralischen Gründen streng geregelt war. Pfarrer Greiner erließ 1800 eine Badeordnung, mit der junge Leute „beederley" Geschlechtes Knaben und Töchter, Knechte und Mägde ermahnt wurden, beim Baden weit voneinander getrennt ins Wasser zu gehen, „da sonst die Sittlichkeit gewaltig leidet".

Sie sollten auch die 1765 erbaute „obere Schule", die 1991 zum Dorfmuseum wurde, besuchen. Bemerkenswert sind dabei die jährlich wechselnden Sonderausstellungen, die das frühere Leben in Eichstetten näherbringen.

Wenn Sie den Bürgermeister besuchen wollen, dann

Erste Verkehrsschilder in Eichstetten
z.B. „Durchfahrt verboten"

Kaiserstühler „Schwibogen und Läuferle"

müssen Sie in das Haus mit dem Staffelgiebel gehen, das 1424 erbaut und 1996 geschickt mit einem Neubau erweitert wurde. Obwohl der derzeitige Bürgermeister nicht

mehr Gerhard Kiechle heißt, wird sich auch der neue „Rathauschef" über jede Stellungnahme seiner Gäste freuen.

Am 17. Juli 2005 wurde Michael Bruder mit 77,53 % der Stimmen zum Bürgermeister gewählt, weil Gerhard Kiechle aus Gesundheitsgründen nicht mehr kandidierte.

Was sie auf keinen Fall versäumen sollten, sind die einmaligen Natur- und Kulturlehrpfade. Der „Südweg", der „Nordweg" und der „Eisvogelweg", die unter dem Symbol der Rapunzel-Glockenblume stehen. Auf allen Pfaden bekommt man liebevolle und verständliche Erklärungen. Beispielsweise zum Blumensymbol der Rapunzel-Glockenblume:

„Das Märchen der Brüder Grimm - Rapunzel - erzählt vom Garten einer Zauberin, in dem sich ein Beet befindet, das ,mit den schönsten Ra-

punzeln bepflanzt' ist, und es ist sehr gut möglich, dass dieses märchenhafte Beet mit unserer Glockenblume bepflanzt war. - Die Frau im Nachbarhaus - man erinnert sich - war schwanger und empfand ein unbezwingliches Gelüsten: 'Ach, wenn ich keine Rapunzeln aus dem Garten hinter unserem Haus zu essen kriege, so sterbe ich.' Ihr Mann, der sie lieb hatte, wie es im Märchen heißt, kletterte in der Abenddämmerung über den Zaun, ,stach in aller Eile eine Handvoll Rapunzeln und gab sie seiner Frau'. Ihr hat der Salat daraus so gut geschmeckt, dass sie ihren Mann am nächsten Abend wieder über die Mauer geschickt hat. Die zaubermächtige Besitzerin des Gartens ertappte und bedrohte ihn, bis er ihr das erwartete Kind verspricht. Gleich nach der Geburt erscheint sie, gibt dem neugeborenen Mädchen den Namen Rapunzel und nimmt es mit sich fort ...

Dass der verständnisvolle Ehemann die Rapunzeln für seine Frau gestochen und nicht geschnitten hat, könnte als Hinweis dafür gelten, dass es

sich in jenem Zaubergarten nicht um Feldsalat - Sunnewirbele - Rapunzel - Valerianelle - gehandelt hat, sondern um die weißlichen Wurzeln der Rapunzel-Glockenblume, der Campanula Rapunculus! Rapunculus heißt übrigens Rübchen, kleine Wurzel.

Es mutet fast unwahrscheinlich an, dass die Campanula Rapunculus als Kultur- und Nahrungspflanze einmal für die Ernährung so wichtig gewesen sein soll wie in neuerer Zeit die Kartoffel. Entlassen aus Garten- und Feldkultur jedenfalls ist sie während der letzten achtzig oder einhundert Jahre wieder ausgewildert. Wohlgeschmack und Nährwert ihrer ,kleinen Wurzel' sind ganz in Vergessenheit geraten. Und so scheint sie nichts anderes zu sein als eine anmutige lila blühende wilde Blume, die heute die Wildflora des Kaiserstuhls mit prägt."

Ob damals die Natur- und Kulturlehrpfade eingeführt werden sollten, hing vom Resultat einer Bürgerabstimmung ab, die Gerhard Kiechle durchführen ließ. Die große Mehrheit der Einwohner war dafür!

Dem Lokalredakteur der „Badischen Zeitung" schien die häufige Mitbestimmung der Bürger jedoch zu viel zu werden, denn in einem Artikel stöhnte er: „Eichstetten muß schon wieder wählen."

Eichstetten scheint ein guter Ort zum Nachdenken zu sein. Jeder philosophiert ein bisschen mehr oder weniger. So auch Walter Hiss, geboren 1923, der nach erfolgreichen Berufsjahren in seinem verwinkelt gebauten Haus einen Raum als eine Art „Hiss-Museum" eingerichtet hat.

Nicht mit jedem spricht er über sich. Er braucht lange bis er Vertrauen fasst.

Er philosophiert fast jeden Tag. Sein Lieblingsplätzchen liegt weit oben in seinem stufig angelegten Garten, von dem er einen befreienden Blick über Eichstetten hat. Wenn die Gedanken gereift sind, vertraut er sie seinem Computer an.

„Je älter man wird", stellt er fest, „desto mehr beschäftigt man sich mit der Welt und dem lieben Gott.

Der dumme Spruch: Ich glaube nur was ich sehe, ist seit Paul Gerhard widerlegt. Der schreibt in einem seiner Lieder, dass der Mond rund und schön sei, aber das was dahinter stehe, sei vorhanden und wir dürfen dies glauben, auch wenn wir es nicht begriffen haben.

„Sie begreifen, das nicht begriffen zu haben", fragte er mich. Ich zuckte mit den Schultern. „Und wir wissen dies nicht erst seit die Amerikaner auf dem Mond gelandet sind, dass dieser keine

DER PHILOSOPH

Scheibe ist. Wir Alemannen wissen dies schon seit Johann Peter Hebel. Seit seinem Gedicht vom Mann im Mond. Auch der Papst in Rom hätte dies dem Kopernikus glauben können ohne ihn zu verdammen.

Und nun mag der Eine oder Andere kommen und sagen, dass das was ich da geschrieben habe, doch recht verworren und haltlos und einfach zu widerlegen sei. Da kann ich nur antworten: Ich bin halt nur ein kleiner Journalist und habe durch mein eingeschränktes Wissen nicht überall exakt recherchieren können, was aber an der Sache insgesamt nicht viel ändere.

Im Grunde meines Herzens will ich ja an das, was ich in meiner Kindheit gelernt und in späteren Jahren immer wieder gehört habe, glauben. Ich will den Zweifel an der Glaubwürdigkeit unserer Religionslehrer und Pfarrer nicht aufkommen lassen, aber wenn ich so alles zueinander in ein

Verhältnis setze, was die Schriftsteller des Ur-Uraltertums niedergeschrieben haben und was heute an Erkenntnissen mir zugänglich ist, so stoße ich an meine persönliche Inversion. Mit meteorologischen Erkenntnissen lassen sich meteorologische Inversionen auch im Segelflug durchstoßen. Die geistigen Inversionen lassen sich durch Erkenntnisse abbauen. Als Segelflieger kam ich nach der Überwindung von drei Inversionen auf 5.000 Meter Höhe. Wieviel geistige Inversionen es gibt, vermag ich nicht zu sagen. Goethe, Michelangelo, Einstein, Mozart oder Richard Wagner und viele andere haben auf ihrem Spezialgebiet Inversionen durchstoßen."

Sobald ein Gespräch bei seinem Lieblingsthema „Inversion" angekommen ist, hat Walter Hiss sein Ziel erreicht. „Wissen Sie, was Inversion ist?" „Ja", antwortete ich, „Invasion ist..." „Nein, Inversion." So nimmt er vier- bis fünfmal Anlauf und freut sich, dass er mehr weiß als sein Gesprächspartner. „Inversion heißt, dass wir an die Grenzen unseres Denkvermögens stoßen." „Aha!"

Im Lexikon nachgesehen heißt Inversion: Umkehrung, Gegenbewegung.

DAS VERMÄCHTNIS
DES BÜRGERMEISTERS

Bürgermeister a.D. Gerhard Kiechle verschafft sich Durchblick

Eichstetten, 11. August 2005

Eichstetten hat sich seit Beginn der 90er Jahre dafür entschieden die Entwicklung der Kommune gemeinsam mit den BürgerInnen partizipatorisch und zukunftsfähig zu gestalten. Dies hat sich ab 2000 noch verstärkt und konnte durch vielfältige Projekte mit aktiver Bürgerbeteiligung intensiviert werden.

Auch kleine Kommunen stehen zunehmend vor dem Problem der einerseits wachsenden Ansprüche der EinwohnerInnen und andererseits den weniger werdenden finanziellen Mitteln sowie einer gewissen Politikverdrossenheit. Wie kann sich eine Kommune weiterentwickeln, gleichzeitig dem gesellschaftlichen Wandel Rechnung tragen und trotzdem die eigene Identität bewahren?

Wir haben erkannt dass die BürgerInnen ein enormes Potential besitzen, das sich in bürgerschaft-lichen Projekten zur Dorfentwicklung entfaltet und ein Wir-Gefühl bewirkt. Durch das praktische Miteinander gelingt es unter den BürgerInnen ein anderes Verständnis für kommunalpolitische Entscheidungen und gleichzeitig Bereitschaft zur Übernahme von Verantwortung bei Öffentlichen Aufgaben zu erzeugen.

Durch die Philosophie einer Integration von Nachhaltige Entwicklung auf kommunaler Ebene, und Bürgerschaftlichem Engagement, das bis dahin eher im sozialen Bereich angesiedelt war, können die individuellen Wünsche der BürgerInnen für die Dauer eines Projektes eingebunden werden. Die dabei freigesetzten innovativen Ideen und Maßnahmenvorschläge begleiten Eichstetten auch über die sozialen Bereiche hinaus. Ein wichtiger Faktor dabei ist, dass der Gemeinderat als gewählter Vertreter der BürgerInnen von Beginn an offen für diese Vorgehensweise war und mit einer positiven Einstellung die Ideen und Vorschläge der BürgerInnen aufnimmt.

Es gelang damit eine Gratwanderung den unterschiedlichen Interessen und Ansprüchen gerecht zu werden und gleichzeitig die finanzielle Ressourcenknappheit der Kommune nicht noch mehr zu stra-pazieren. Der zunehmenden Politikverdrossenheit konnte durch eine intensive Einbeziehung in die Dorfentwicklung entgegengewirkt werden. Die BürgerInnen empfinden das Dorf nicht mehr nur als Lebensraum sondern als Lebensform, indem sie sich individuell entfalten können, aber auch eingebun-den sind.

Eichstetten hat verschiedene Stärken: eine besondere ist die große Mitwirkungsbereitschaft und das Engagement der BürgerInnen. Soziale Kultur und Identifikation mit der Dorfgemeinschaft sind hier keine Fremdwörter Für dieses schöne Dorf Eichstetten wünsche ich mir, dass die BürgerInnen sich die-ser positiven Stärke bewusst sind und sich weiterhin für eine gute Zukunft einsetzen.

Gerhard Kiechle
Bürgermeister

DIE
"HEIMLICH STILLE WELT"

Bötzingen, Goethe und Pauline Wörner

Die Geschichtsschreiber sind sich nahezu einig, dass Goethe den Kaiserstuhl besuchte, denn nachweislich zweimal war er in Emmendingen. Aber welche Orte bevorzugte er am und im Kaiserstuhl?

Bei seinem zweiten Aufenthalt vom 27. - 30. September 1779 entstand folgende Niederschrift über diese Landschaft:

„Eine herrliche Gegend, noch im September und Oktober alles grün.
Ein willkommener Atem geht durchs ganze Land,
Trauben mit jedem Schnitt und Tag besser,
Himmelsluft, weich, warm, freundlich,
man wird auch wie die Traube reif und süß in der Seele."

Doch wo ließ sich der Dichterfürst zu diesen Zeilen inspirieren ?

Vom 28. Mai bis 6. Juni 1775 besuchte Goethe in Begleitung des Dichters Lenz zum ersten Mal seine Schwester Cornelia, die mit ihrem Mann, dem Oberamtmann Johann Georg Schlosser, seit 1774 in Emmendingen lebte.

Bis zu diesem Zeitpunkt konnten sich die Geschwister ein Leben ohne den anderen nicht vorstellen. Doch Goethe, der „Schöngeist", war entsetzt über das Äußere seiner Schwester: „In ihrem Aussehen lag nicht die minde-

ste Sinnlichkeit." Er warf ihr sogar „Lebensunfähigkeit" vor. „Abstoßend" und „hässlich" soll sie gewesen sein. Der Bruder zerstörte ihre Persönlichkeit. War er eifersüchtig auf Schlosser, mit dem er einstmals befreundet war? Goethe entzweit sich von seiner Schwester auf Lebenszeit. Er verbot ihr sogar Briefe an ihn zu schreiben. Cornelia ertrug die Schmach nicht und starb am 8. Juni 1777, 26 Jahre alt.

So mancher Biograph bezeichnete den Dichterfürst als Tyrann, der den Tod seiner Schwester mit verursacht haben könnte. Vermutlich hat Goethe während seines Emmendinger Aufenthaltes im Gasthaus „Zum Löwen" (das inzwischen dem Neubau eines Kaufhauses Platz machen musste) das Epos „Hermann und Dorothea" geschrieben, denn in den handelnden Personen glaubt man, Spiegelbilder der beiden unzertrennlichen Geschwister in den Kinder- und Jugendtagen zu sehen. Vielleicht besuchte er in der Zeit vom 28. Mai - 6. Juni 1775 auch Bötzingen, denn Schlosser war mit dem märkgräflichen Hofkammerrat, Joseph Friedrich Enderlin, der aus dem Gasthaus „Löwen" stammte, befreundet. Der große Repräsentant der Aufklärung baute sich die Bötzinger

Bötzingen (Goethe-)Mühle

Mühle (heute noch vorhanden) zum Landsitz aus, den Schlosser auch Goethe gezeigt haben könnte.

Noch einige Goethe-Zeilen lassen vermuten, dass er tatsächlich in Bötzingen war, denn zu dieser Zeit ließ Enderlin die Riedebene trokken legen, um Anbauland zu gewinnen. Das war im Jahre 1775. Wenn Goethe seinen Faust sagen läßt: „Ein Sumpf zieht am Gebirge hin ... wie das Geklirr der Spaten mich ergötzt, den faulen Pfuhl auch abzuziehen", so könnte er von dieser Trockenlegung inspiriert worden sein.

Es wird von den Stunden erzählt, in denen Goethe an einem Fenster des Rittersaales lehnend, der Sonne Scheinen beobachtete, wenn sie das liebliche Landschaftsbild, welches die Ebene zwischen dem Kaiserstuhl und den Schwarzwaldbergen darbietet, mit goldenem Glanze beleuchtete. Sah er das von den Fenstern der Bötzinger Mühle aus? Es sind Vermutungen, nichts als Vermutungen!

Rosa Hagen hat in ihrem lesenswerten Büchlein: „Emmendingen als Schauplatz von Goethes 'Hermann und Dorothea'" darauf hingewiesen, dass der Besuch wohl in die ersten Augusttage des Jahres 1793 fällt. Hagen berichtet nämlich, dass noch im Juli 1852 in Emmendingen eine nahezu 80 Jahre alte Greisin gelebt habe, die oft und gern als wichtigstes Ereignis ihres Lebens erzählte, dass sie Goethe im Hause des Kammerherrn Enderlin bedient habe. Dies kann nach dem Alter der Erzählerin weder im Jahre 1775 gewesen sein, als Goethe zum ersten Male in Emmendingen war, noch war es im Jahre 1779, als Goethe die Grabstätte seiner Schwester besuchte, denn beide Male 1775 und 1779 war die Erzählerin noch zu jung, als dass sie dem besuchenden Dichter Dienste hätte leisten können. Dass Goethe 1793 ein drittes Mal in Emmendingen gewesen sein soll, dafür gibt es keine Beweise. Nach seinen Aufzeichnungen war er in dieser Zeit in Mannheim und in Heidelberg (Treffen mit Schlosser).

Geben wir uns damit zufrieden, dass Goethe mit großer Wahrscheinlichkeit nur einmal in der Bötzinger Mühle zu Gast war.

Realistische Beweise haben wir allerdings, dass eine Pfarrfrau und Dichterin in Bötzingen lebte. Es handelt sich um Pauline Wörner, die 1906 mit drei Büchern unter dem Titel „Heimlich stille Welt - Geschichten vom Kaiserstuhl" von sich reden machte. Sie widmete diese Ihrer Königlichen Hoheit, der Frau Großherzogin Luise von Baden, der feinsinnigen Kennerin und fürstlichen Gönnerin des ländlichen Volkslebens, der unermüdlichen Protektorin der badischen Frauenvereine, „als schlichtes Zeichen untertänigsten Dankes für segensreiche Anregung und tatkräftigen Förderung der gemeinnützigen Bestrebungen des Frauenvereines Bötzingen-Oberschaffhausen am Kaiserstuhl".

Sie war im Südwesten eine Frau, die es verstand, in der lyrischen Sprache ihres Jahrhunderts das märchenhafte Bild des Bötzinger Kaiserstühls zu nutzen, um die Gleichberechtigung der Frau durchzusetzen. Wie geschickt sie das machte, soll ein Auszug des Kapitels „Lebenshunger" dokumentieren:

„Über die alte graue Steinsippe des Burgberges hat sich fett und weich der Lößgrund gelegt, auf dem die Reben wurzeln, dicht in Reihen. Die nahe Quelle schluchzt vor wonnigem Weh, und ihre glitzernden Brillantwellen tragen in lachender Glückseligkeit die sterbenden Blumen hinaus in die schönheitstrunkene Ebene, über der die Schwarzwaldriesen blauen und in der die Wasserfäden des Kaiserstuhls zerrinnen. Neben der Quelle am sandigen hartgelben Hang spielen Kinder. Gerade unter der gähnenden Wölbung einer Lößhöhle steht der Kinderwagen mit dem Kleinsten, der aus vollem Halse in den lachenden Sonnenschein brüllt. Seine Geschwister puffen zuweilen an's Korbgeflecht, daß er schaukelt, dann kramen sie weiter in den Schneckenhäuschen, die sie zwischen den grauen Halmen des Wintergrases aufstöbern. Ein paar Ellen entfernt von ihnen arbeitet die Mutter. Es ist noch eine junge Frau, Madle genannt, die aussieht wie bescheidener Hausfleiß von jeher ausgesehen hat.

... In eifriger Arbeit Rebschosse niederziehend und Neigbänder drehend, so schreitet sie die Zeilen des Weinberges ab. Sie zählt und berechnet: 'Vierhundertachtundachtzig. - Dort vorn sind's fünfhundert Stöcke. - Dreizehnhundert hat's im Stück. Vorher gehe ich nicht heim, als bis ich alle geneigt habe...'

'...Schaffen ist ein Segen, sagt die Bibel, aber ist denn das, was ich tun muß geschafft? Nein! Geschunden ist es! ...'

... Ein Märzengewitter steigt auf. Am Rain die Wusthecken von Brombeer und Schafgarbe beugen sich rauschend ... Die Kinder schreien gellend, sie empfinden es als Grausamkeit, daß noch immer die Mutter arbeitet ... Vorwärts bis ... Ja! Bis wann? Noch ein Donner. Und nachgrollend ein Rollen und Stürzen ... 'Mein Kind ! Das eingestürzte Lößloch hat es getötet! ... Sie stürzt vorwärts, begierig zu sehen, ob sie sich irrt. Das Glück ist Wahrheit. Ihr Jüngster lag, unversehrt und von der abstürzenden Erde unerreicht ... Da soll jemand sagen, die Kinder hätten keine Schutzengel bei sich. Keine ruhige Stunde brächte mir das Leben mehr, wenn das Kind umgekommen wär!

Vorwärts mit der Arbeit! ...' 'Madle', rief die Rickenschusterin vom anderen Weinberg, 'bist bald fertig in deinem Stück? ...' Die junge Mutter stöhnt: 'Man hat eine Plage mit den Kindern. Sie sind wohl ein Segen, aber ein Segen, den wir Weiber sauer verdienen müssen. Eine leibliche Ruh hat man nie. Kein Ausschnaufen gibt's. Nur einmal möcht ich wohl leben. Bloß einen Nachmittag bei Kaffee und Küchli verschwätzen. Bah, was red ich. Ist ja unmöglich.'

Die Rickenschusterin war eine wohlhabende jugendli-

che Witwe mit scharfzügigem gelben Gesicht. Sie galt im Dorf für eine Faule. Ihr Mann sei zu gut und zu kränklich gewesen, um sie gehörig zu meistern. Und nun, da er zeitig gestorben, war sie vollends verkehrt und durchtrieben.

'Endlich fertig mit den Reben!' Die fleißige Frau atmete tief.

Wegen der Kindererziehung kommt es zwischen den beiden Bäuerinnen zu einem Streit:

'Deine sind viel liederlicher als meine ...' Der Streit nahm ein ungerechtes Ende. Nicht die Gerechte bleibt Siegerin, sondern die Herzenshärtere ...

Auf dem Heimweg begegnete Madle der Stapflebäuerin, einer Frau, mit der sie sich gut verstand. Sie hatte ihre Tochter Kathri dabei, die genauso alt war wie ihre.

'Du hast schwer, Madle', bemerkte die Alte. 'Ja,

Stapflebäuerin. Es ist elend, wie sich unsereins abschuften muß. Kaum mehr schnaufen darf ich.'

'Laß bleiben, Du vergeudest Dein Lebensmark. Das ist auch eine Art von Sünde.'

Madle stand still. Solch eine Rede, die machte einem ordentlich Angst. Hilfesuchend blickte sie auf die junge Frau, ihre Altersgenossin und Schulfreundin ...

'Ja, ja wundere dich nur. Du und ich sind im gleichen Lebensstand. Keine von uns ist reich, oder hat reich geheiratet. Beide müssen wir uns rühren bei viel Feld und vielen kleinen Kindern. Trotzdem bin ich besser dran als Du, denn ich laß das Schinden und Schaffen bleiben.'

'Meine Freude ist es auch nicht', sagte Madle 'aber ich habe eine schlechte Wahl. Was will ich sonst machen? Ich begreif dich nicht, Kathri

Erster Kindergarten in Bötzingen 1941

wie Du es anstellst, glücklich zu sein. Dein Gesicht ist glatt, rot und weiß und dein Gewand ist allzeit wie am Feiertag und doch ist's dorfbekannt, daß Du schaffen kannst wie ein Mann.'

'Wer hütet deine Kinder?' fragt sie.

'Ich mache es anders als Du', entgegnete sie. 'Da, wo ich meine Kinder hintue, kannst du deine auch hintun', bemerkte Kathri, 'Ich geb die Kleinen in die Krippe und die zwei Älteren in die Kinderschule.'

Madle machte ein betroffenes Gesicht. Wie war das?

Seit zwei Jahren bestand, vom Frauenverein gegründet und betrieben, im Dorf eine Kinderschule und eine Krippe. Aber der Gedanke, die eigenen Kinder dort zu versorgen, war Madle nie gekommen. Sie hatte viel darüber lästern hören: das sei ein Faulpolster für Fabriklersleute. Die meisten der Bauersweiber könnten den Preis nicht erschwingen. Die Art, wie die hochangesehene Stapflebäuerin diese Einrichtungen als segensreich bezeichnet, war dem Madle neu und leuchtete ihr ohne weiteres ein.

Da man sich aber gegen jede neue Erkenntnis sperren muß, protestierte sie auch gegen diese. 'Das viele Schulgeld ist mir gewiß zu hoch?'

'Gar nicht', meint die Stapflebäuerin. 'Ich mach's so. Einen Tag in der Woche geh' ich, wenn's fehlt, als Taglöhnerin. Dabei verdien' ich mehr, als all' meine Kinder in sechs Tagen kosten.'

'Genierst du dich nicht? Für eine wie dich ist das Dienen bei Fremden Leuten fast gar schimpflich.'

'Horch, Madle, sei nicht einfältig. Die Krippe und die Schule sind doppelte Wohltaten, weil sie uns und den Kindern gleich zugute kommen. Dafür tät ich noch ganz andere Sachen. Schaffen tu ich gern. Wie kann ich's aber, wenn die Kinder mich jeden Augenblick stören?'

Madle erzählte ihr die Geschichte von der eingestürzten Höhle und ihrem Kleinsten

'Laß Dir' s eine Warnung sein!'

'Und ob!', dachte Madle.

Ihr Geist forscht, geht suchend irre. Sie entsinnt sich, zweifelt und wenn sie entschlossen zugreifen will, stockt sie. Endlich entrinnen sich ihr die Worte: 'Gut, ich will meine Kinder auch in die Krippe und in die Schule geben.'

In der starken, lebensspendenden Sonne des Kaiserstuhls und auf seinem weißen Boden reifen die Trauben. Hoch wölbt sich ein smaragdenes Dach ...

Madle ist glücklich. Es ist etwas neues, etwas ruhsames in ihr Wesen gekommen: das Behagen der Arbeit. Sie zu verrichten mit Zeit und Muße. Nicht nur Schaffen, sondern mit Freude arbeiten.

'In der Nacht schlaf' ich steinfest, steh' am Morgen zeitig auf und denk: kommt der Tag, so bringt der Tag.'

'Schau dir's an, Madle', sagte die Stapflebäuerin 'den Segen und die Fülle in der Ebene und das Große und die Schönheit der Berge. Drüben die Stadt mit dem Münster, hüben unsere Dörfer, stehen alle unter einem Herren. Je älter ich werd', umso mehr bestaun' ich die Menschenliebe als das größte Wunder ... Du Madle, ... bist am Boden gelegen. Jetzt stehst du auf, stillst Deinen Hunger nach Leben ...'"

Die Männer sollen die ersten gewesen sein, die die Wörner-Bücher heimlich gelesen haben. Am Stammtisch legten sie sich mächtig ins Zeug, dass diese Verherrlichung der Frau den Untergang der Familie bedeute. Zu Hause aber beugten sie sich nach und nach den Forderungen ihrer Frauen. Die Bevölkerung war zweigeteilt, wie damals, 1838, als Bötzingen kommunalpolitisch und glaubensbedingt zweigeteilt war, denn die Bewohner von Oberschaffhausen mussten ihren Glauben ändern. Die Hauptstraße war die natürliche Grenze zwischen den beiden Orten. Die eine Seite war dem Markgraf Baden-Durlach an-

geschlossen und somit protestantisch, die andere Seite kam zu Vorderösterreich und war katholisch. Erst im Zeitalter der Ökumene konnten hier Ehen zwischen Katholiken und Protestanten geschlossen werden, zuvor wurde nicht „über die Straße geheiratet".

Im Jahre 769 n. Chr., wo Bötzingen als „Bezzo" zum ersten Mal urkundlich erwähnt wurde, machte man sich über das Wort „Ökumene" noch keine Gedanken, denn es gab sie noch nicht.

Auch Bötzingen behauptet, den ältesten Rebbau am Kaiserstuhl (769 n. Chr.) betrieben zu haben. Als einer der ersten Orte richtete man sich nach der Verordnung von Kaiser Karl des Großen, der in der „Capitulare de villis" anordnete, dass über Weinernten und Vorräte genau Buch geführt werden muss.

Mit dem sogenannten „Kellerbuch" wird das heute noch praktiziert. Die genauen Mengen wurden gemeldet, der Wein musste in Holzfässern mit Eisenreifen gelagert werden und keinesfalls mehr in „Schläuchen". Das Stampfen der Trauben mit den Füßen wurde ab diesem Zeitpunkt verboten.

Bötzingen ist ein sauberes, eroberungswürdiges Dorf mit sehenswerten Fachwerkhäusern. Es bietet mehr als den fragwürdigen Goethe-Besuch. Es bietet Ruhe und Beschaulichkeit. Hier werden die Sinne noch nicht überfordert. Wenn im 21. Jahrhundert, in dem das wirklich Konstante der ständige Wechsel ist, in dem wir gezwungen werden, mehr Impulse aufzunehmen, als wir verwerten können, kann Bötzingen zum Heilbad unserer Sinne werden.

Die „heimlich stille Welt" einer Pauline Wörner (1859 - 1945) wird wieder lebendig. Gehen Sie die tief eingeschnittenen Lösswege hinauf zu den Reben, dann stehen sie inmitten der Handlungsplätze, die sich Pauline Wörner für viele ihrer Geschichten ausgesucht hat.

Eine Frau sieht rot. Dieses Rot glaubt man zuvor noch nie gesehen zu haben - wie damals das Blau von Ive Klein. Rot passt zu Ihren blonden Haaren. Es macht sie und ihre Kunst noch erotischer. Barbara Dier ist eine phantastische Malerin, gleichzeitig aber auch eine Plauderin, redegewand, vielseitig wie ihre Werke. „... Sie benutzt die kräftigen intensiven Farben als Mittel des emotionalen Ausdrucks und die komplexe Vielfalt in den Möglichkeiten der Anforderung von Formen und Materialien, um ihre erlebten Sinneswahrnehmungen in Bilder umzusetzen ...", heißt es in einem Ausstellungskatalog.

Wenn man Barbara Dier in ihrem Atelier besucht, betritt man eine Insel inmitten des Bötzinger Industriegebietes, ein Refugium, das auch auf den Malediven ihr zu Ehren gereichen könnte.

Barbara Dier ist impulsiv und intuitiv. Man könnte sie stilistisch der „art informel" zuordnen. Sie gibt den Dingen keine Formen. Außer den Farben bezieht sie manchmal auch andere Materialien mit ein: Zeitungsausrisse, Packpapier, Holz, etc.. Ihre Bilder verselbstständigen sich während der Arbeit an ihnen. Sie werden - autonom - ein sich selbst bestimmender Gegenstand, dem sie keinen Titel geben kann, als die Größe 15 x 15 oder 100 x 80 oder ....

Beim Malen erlebt sie stets eine neue Begegnung mit den Materialien, denen sie den Willen lässt, so zu sein, wie sie möchten. Die Farben reißen Formen an sich, die Zeichen verlangen Farbe. Indem sie sich mitreißen lässt, gewinnt sie eine Einheit zwischen Malerin und Bild.

Im Jahre 2005 arbeitete sie an einem Zyklus „Kaiserstuhl", wobei sie die Farben dieser Landschaft auf Leinwand, in Würfelsäulen, auf Tischläufern wiedergab. Viele Kaiserstuhl-Bilder erinnern an die Aborigines, die fiktiv die Landschaft aus der Höhe eines fliegenden Vogels sahen und malten.

Ihre Werke sind würdig im Kreis von Emil Schumacher, Eduard Micus oder Tapies aufgenommen zu werden. Einzelausstellungen führten Barbara Dier nach Hamburg, Saarbrücken und Freiburg. Sie war deutsche Teilnehmerin des Grazer Kunstverein-Werkbund Projektes „Supernova", das auch in Mailand und Wien mit großem Erfolg gezeigt wurde.

Als Referenz an die Künstlerin stattete der Bötzinger Bürgermeister Dieter Schneckenburger einige Räume des Rathauses mit ihren Werken aus.

DIE
MALERIN

HEISSER KAISERSTUHL

Ihringen, die Trauben und der Esel

Ihringer Winklerberg

Einst lachte der Kaiserstuhl über einen salomonischen Richterspruch, gegeben zu Ihringen im Jahre 1500. Müllers Esel machte sich selbständig und ging in die nahegelegenen Reben, um Trauben zu fressen. Die Besitzer des Rebberges klagten vor Gericht und die Richter sprachen folgendes Urteil: „Wenn der Esel sich niedergelegt haben sollte, um die Trauben genüßlich zu verzehren, so wird das als Diebstahl erachtet und der Besitzer des Esels muß dafür büßen. Sollte aber der Esel nur im Vorüberziehen einige Trauben gefressen haben, so kann das nicht als Diebstahl gelten und der Halter des Esels wird zu einem 'Ehrtrinkle' (ein Glas Wein) verurteilt." Wie der Prozeß ausgegangen ist, ist uns leider nicht überliefert.

Ihringen ist ein traditionsreicher Weinort, der im Jahre 962 urkundlich erwähnt wurde. Vor dem 30-jährigen Krieg gab es dort 530 Hektar Rebland, das von den Bauern gepflegt wurde, die in 127 Häusern wohnten. Heute hat man 600 Hektar Rebfläche und 5.800 Bürger.

Wer kennt nicht die Weine des „Ihringer Winklerberg", süditalienische Reben aus der Vesuvgegend, die der Ihringer „Oberwund- und Hebarzt J. Lydtin" 1828 in einer Steingrube anpflanzte. Der damalige Bürgermeister von Breisach, Johann Baptist Hau (1782-1858), verfolgte diese erfolgreichen Rebanpflanzungen und verstand es, steiniges Gelände billig zur Eigenprüfung von Edelsorten zu kaufen. 1834 hatte er bereits neunzehn Edelsorten im Anbau, u.a. „Schwarzer" Burgunder, Weißer Burgunder, Ruländer, Muskateller, Traminer, Riesling und Silvaner. Er erzielte Mostgewichte um 100° Oechsle und somit hohe Weinqualitäten, die er in einem Keller in Breisach ausbauen ließ. Obwohl er hohe Preise verlangte, hatte er einen guten Absatz aus den Sorten, die am „Ihringer Winklerberg" angebaut wurden. Johann Baptist Hau kann man als Begründer des Kaiserstühler Qualitätsweinbaues bezeichnen.

Die wärmste Gegend unserer Republik hat sich auch das staatliche Weinbauinstitut Blankenhornsberg zu eigen gemacht. Dort wächst ein Teil der Rebstöcke wie sie noch vor den großen Rebumlegungen der 70er und 80er Jahre gepflanzt wurden.

Ständig ist man bemüht, Verbesserungen vorzunehmen.

Mehrere Weingüter und die Winzergenossenschaft haben sich zusammengetan, um im „Vulkanfelsgestein Winklerberg" Trockenmauern aus Vulkangestein zu reparieren und neue aufzubauen, zum Abstützen der steilen Hänge, als schön anzusehende Alternative zu Betonmauern sowie als Lebensraum für Mauereidechsen und Co.. PLENUM fördert dieses Projekt, bei dem auch Steingewölbe bei der Weinbergsbewirtschaftung erhalten und gefördert werden. Hiermit kann eine äusserst seltene Heuschreckenart mit überraschend roten Flügeln vor dem Aussterben am Kaiserstuhl bewahrt werden. Im Gegenzug wird das Engagement der Winzer für die Natur auf Infotafeln und in einer Broschüre dargestellt und gewürdigt. Fachlich wird das gesamte Projekt vom Naturzentrum Kaiserstuhl betreut und koordiniert.

1975 wurde Wasenweiler mit Ihringen zusammengeschlossen. Die Ihringer freuten sich damals, dass die im Kaiserstuhl wohl schönste Statue des Hl. St. Urban, der Schutzpatron des Weines, der in der Pfarrkirche zu Wasenweiler steht, nunmehr auch zu Ihringen gehörte.

Heil'ge Urban,
sei barmherzig!
Segne d Kriagli!
Waisch jo gwiß,
d Arbet isch
un dr Wi fast s Paradies.

St. Urban wird natürlich bei den vielen Festen, die während des Jahres in Ihringen stattfinden, gewürdigt, vor allem wenn das große Trachtenfest in allen Straßen und Plätzen gefeiert wird, obwohl es eine geschichtlich gewachsene Ihringer Tracht nicht gibt. Durch die vielen Kriege, die am und im Kaiserstuhl tobten, war es wichtiger zu Überleben, als an eine spezielle Kleidung zu denken. Nicht so im nahen Freiburg. Dort sorgte 1498 die erste Reichskleiderordnung, die während des Reichstages vorgestellt wurde, für Aufregung.

Knapp 200 Jahre später scheinen die Freiburger damit immer noch Schwierigkeiten gehabt zu haben, denn es wurde 1667 öffentlich bekanntgegeben, dass der „Ehrbarkeit und göttlichen Gebott zuwider ist, wenn Weyber und Jungfrauen und Weibsbilder gar zu kurze oder gestumpte Kleidungen oder zuvil ausgeschnittene Halsmäntelin haben, die entweder durch die breite durchsichtige Schnüer oder andere Manieren die darunter verborgene üppige Gemüther, Gebanden und führenden sträflichen Wandel zu erkennen geben, wenn Weibspersonen mit viel zu hochen weissen und anderer Gattungen Schuchen, köstlichen gefärbten Strimpff und fliegenden langen, breiten oder auch abhangenden Schuch- und Strimpfbanden herumtreten und sich spiegeln.“

Fünf Ränge gab es in der Kleiderordnung:
1. Rang Adelige und vornehmste Stadtbedienstete ...
2. Rang Künstler, Barbierer ...
3. Rang Schulmeister, Notare, Schaffner ...
4. Rang Handwerker ...
5. Rang Mägde, Tagelöhner ...

Die strikte Trennung der Konfessionen im Kaiserstuhl war auch in der Tracht zu erkennen. Daher gab es keine einheitliche Kleidung der Kaiserstühler. Nur die evangelischen Gebiete hatten ihre Tracht. An Sonn- und Feiertagen wurde in diesen Gemeinden die Markgräfler Tracht getragen, die der Markgraf von Baden-Durlach in seinen Besitzungen eingeführt hatte und die auch nach ihm benannt wurde. Die schwarze „Hörnerkappe“, das gestickte Schultertuch, das schwarze Förtuch sind die typischen Accessoires. Die Männer trugen schwarze Anzüge und Zylinder. Jeder Landstrich hatte natürlich noch seine individuellen Besonderheiten. Arno Müller, der einstige Leiter der Ihringer Trachtengruppe, würdigt die Tracht in einem Mundartgedicht:

Ä Tracht zeigt, wia in Gen'ratione
Ä Volk un d'Landschaft wird ei Schtuck.
Drum kann si därt nur sii un wohne;
In ihrem Land wird si zum Schmuck.
Ä Tracht, die kleidet uns erhabe
Zu jedem Tag, wu's Lebe git.
In Fraid will si uns schtolz begabe,
Sogar in Trauer goht si mit.

Ä Tracht isch hit un blibt au morge,
Well keinem Gschmack si unterlitt.
Sie dringt nit uf - beinah verborge
Zeigt si sich zitlos in dr Zit.

Wenn Sie Trachten und Heimatkunst sehen wollen, dann empfiehlt sich das kleine Museum am schönen Rathausplatz. Dort in der Nähe ist auch die Kaiserstuhl-Touristik, wo Sie stets Auskunft erhalten, insbesondere über die Aktivitäten des Naturzentrums. Wanderungen zum Liliental mit „Arboretum“, ein Versuchs-

garten für Bäume. Selbst Mammutbäume wachsen dort. Was doch der Kaiserstühler Löss- und Vulkanboden nicht alles vollbringt. An Sommertagen kann es sogar passieren, dass sich das Pflaster des Rathaus-platzes auf 65°C aufheizt. Sollte da noch jemand barfuß gehen wollen?

HEISSER KAISERSTUHL!

Badische Volkstrachten III°. Kaiserstühlerinnen, Bötzingen, Amt Emmendingen.

Madame Voudriez vous avoir l'obligeance de recevoir et d'acquitter la facture d'un paquet de la Pharmacie Cannone que vous recevrez pour moi et ne plus nous envoyer les lettres; je passerai Samedi soir à la maison Je vous salue R de Jong

No. 2858. – Gesetzl. gesch.

Am Münsterberg Breisach, in bester Lage, mit dem schönsten Blick über den Rhein, hat er burgenähnlich sein Refugium aufgebaut. Der international gefeierte Künstler Helmut Lutz, der mit seinem „Sternenweg" eine vierzig Meter lange Skulpturenbühne aus den verschiedensten Arbeitsmaterialien schuf, bringt Steine zum Singen, Stühle zum Fliegen und Menschen zum Reden. Hier kann Europa neu entdeckt werden, ausgehend von der Mythologie, die unzählige Jahrhunderte zuvor Europa vorausahnte. Dies vermittelt Lutz

mit seinem siebenundzwanzig Tonnenwerk, das er viele Jahre auf Pilgerfahrt durch Europa schickte. Sein endgültiger Platz wurde am 21. Juli 2005 in Sarajewo gefunden.

Zwei Tage bevor der „Sternenweg" auf der französischen Rheininsel gegenüber von Breisach abgebaut und auf große Fahrt geschickt wurde, besuchte ich Helmut Lutz und fotografierte ein letztes Mal das außergewöhnliche Kunstwerk, das Orient und Okzident verbinden soll.

Die begehbare Skulptur forderte zuvor in Santiago de Compostella, Istanbul, Rom, Athen und Jerusalem die

Betrachter zum Friedensdialog.

Es ist die Initiative eines Mannes, der sich durch die Europastadt Breisach und dem Festungsstern Neuf-Brisach inspirieren ließ.

DER MANN DES STERNENWEGES

GOLD UND SILBER LIEB ICH SEHR

Breisach und die Liebe der Breisacher zum Außergewöhnlichen

Manche Breisacher haben einen prunkvollen Lebensstil. Nicht wenige Schwibögen ziert das Wappen der Stadt, das erst 1956 verliehen wurde. Es zeigt in Gold „einen rot bewehrten und rot bezungten Adler mit rotem Brustschild, darin ein schwebender silberner Sechsberg".

Lassen Sie mich dieses Kapitel mit einem wahren Gold- und Silber-Märchen beginnen:

Man schrieb das Jahr 1850. Eine aus Pforzheim stammende Goldschmiedefamilie namens Ungerer wanderte nach Rußland aus. In dieser Zeit gab es dreihundert deutsche Kolonien, die der damalige Zar Alexander I. gründete. In Moskau eröffneten die Ungerers eine Goldschmiedewerkstatt. Der überaus fleißigen Familie wurde 1878 ein Sohn geboren, den man auf den Namen Georg taufte. Auch er erlernte das Goldschmiedehandwerk und erfand so wundervolle Kreationen, dass selbst der Zarenhof auf ihn aufmerksam wurde. Bereits mit 32 Jahren hatte er ein großes Goldschmiede-Atelier und beschäftigte vierzig Mitarbeiter.

Eines Tages stand Zar Nikolaus II. höchstpersönlich in der Goldschmiede, um die Kunst des Meisters zu begutachten. Er war begeistert. Vor allem die feinen Ziselierungen des Silberschmuckes hatten es ihm angetan. Von diesem Tag an durfte Georg sich als „Hoflieferant des Zaren" bezeichnen. Der Name Ungerer wurde nicht nur in Rußland bekannt, sondern in vielen Ländern der Erde. 1903 stellte sich bei der Familie Ungerer Nachwuchs ein. Sohn Boris kam auf die Welt. Die angesehene Stellung und den damit verbundenen Reichtum konnte die Familie leider nicht lange genießen. Mit dem Untergang des Zarenreiches - Zar Nikolaus II. wurde am 15. März 1917 zur Abdankung gezwungen-

wurde die Familie Ungerer nach Sibirien verschleppt. Vater Georg, der die Abdankung des Zaren vorausahnte, vergrub rechtzeitig sein gesamtes Vermögen (vier Millionen Goldmark) in dem Vorgarten eines Moskauer Landhauses. Um den Schatz zu einem späteren Zeitpunkt wieder ausgraben zu können, fertigte er eine geheime Lageskizze an, die er ständig bei sich trug. In den Wirren der turbulenten Tage ging sie jedoch verloren. Bei der Verhaftung warf man ihn zu den Verrätern Rußlands und verurteilte ihn zweimal zum Tode. Wie durch ein Wunder kam er 1920 mit seiner Familie nach Deutschland zurück. 1927 gingen die Ungerers nach Breisach, wo sie das Haus am Neutorplatz 2 kauften. Im Zweiten Weltkrieg fiel es den Bomben zum Opfer. 1954 erfolgte der Wiederaufbau an der gleichen Stelle. Heute wird das Geschäft von der charmanten Urenkelin des Georg Ungerer, die in Andenken an Zar Alexander I., auf den Namen Alexandra getauft wurde, geführt.

Ihr gehört auch eine Schatulle mit einem Teil des Schmuckes aus dem Zarenreich (die Familie nimmt an, dass es sich teilweise um Modelle handelt), die Großvater Boris vor der Verhaftung mit geheimen Boten nach Deutschland bringen ließ. Nie zuvor wurden diese Kostbarkeiten der Öffentlichkeit gezeigt. Für Sie aber präsentiert die Erbin Alexandra persönlich ein Seepferdchen mit Engelsreiter, besetzt mit Edelsteinen und Brillanten.

Wie gesagt, den Breisachern konnte und kann nichts wertvoll genug sein. So erzählt man sich seit vielen, vielen Jahren, dass 1162 ein Schiff im Hafen angelegt habe, das die Reliquien der Heiligen Drei Könige und die des Heiligen Geschwisterpaares Gervasius und Protasius mit sich führte. Ein gefundenes Fressen für die Breisacher. Ein paar Reliquien, so nahmen sie sich vor, werden wir dem Erzbischof schon abluchsen.

Kein Geringerer als der Erzbischof Reinald von Dassel sollte die Gebeine mittels eines Schiffes nach Köln bringen. Es war die kostbare Kriegsbeute von Barbarossa, nachdem er Mailand in Schutt und Asche zurückgelassen hatte.

Sie luden den Erzbischof zum Besuch des Münsters ein und ließen alle Glocken läuten. Nach dem sich anschließenden Festmahl war der Bischof höchst „illuminiert", was die Gastgeber „freudigst" zu nutzen wußten, denn bevor die Ruderknechte das Schiff von der Mauer stießen,

Alexandra Ungerer, „Seepferdchen mit Engelsreiter"

baten sie um ein Gast-geschenk. Da sie noch keine „Schutzheiligen" hatten, wären ihnen die Heiligen Geschwister „sehr angenehm". Aber nur eine Reliquie gab der Erzbischof frei.

Als das Geschenk übergeben war, wollten seine Ruderknechte ablegen, aber das Schiff bewegte sich nicht von der Stelle. Die schlauen Breisacher wußten Rat. Sie baten den Bischof, ihnen doch den zweiten Heiligen der Geschwister zu überlas-

sen, dann würde das Boot bestimmt ablegen können. Was blieb ihm anderes übrig, als die Bitte zu erfüllen. Und siehe da, das Schiff bewegte sich. Erzbischof Reinold von Dassel, der gleichzeitig der Kanzler Barbarossas war, brachte die Heiligen Drei Könige sicher in den Kölner Dom, wo man ihnen im Verlauf der Zeit einen Schrein baute. Dies taten die Breisacher für ihre neuerworbenen Schutzheiligen Gervasius und Protasius ebenso.

Der Münsterberg ist zum Anziehungspunkt für alle geworden, die Breisach zum ersten Mal besuchen.

Sollten Sie unter ihnen sein, dann empfehle ich aber, zuerst auf den gegenüberliegenden Eckartsberg zu steigen. Dort oben werden Sie durch einen herrlichen Blick auf den Münsterberg und den Rhein für den Aufstieg belohnt. Einst stand hier eine Festung. Das grüne Europalicht sowie die Europaflagge mahnen zur Völkerverständi-

gung. Ein Gedenkstein erinnert an die Übergabe Breisachs zum Großherzogtum Baden im Jahre 1806. Ein weiteres Denkmal wurde zur Vermählung des Badischen Großherzogpaares im Jahre 1856 errichtet.

Früher schickte man „Späher" auf den Berg, um zu erkunden, ob der Stadtfelsen gerade badisch oder elsässisch war. Je nachdem, wie der wilde Rhein seinen Lauf nahm, ob er rechts oder links an dem mächtigen Felsen vorbeirauschte, änderte auch Breisach seine Nationalität. Zeitweilig war der Kaiserstuhl und der Breisacher Fels vom Rhein umspült. Als einsame

Inseln ragten sie aus dem Wasser. Im frühen Mittelalter floss der Rhein östlich von Breisach vorbei. Erst im späten Mittelalter bezog er sein westliches Bett und richtete sich endgültig links aus. Heute ist Breisach auf alle Fälle badisch, baden-württembergisch, europäisch.

Auf 2.400 v. Chr. schätzt man die ältesten Siedlungsspuren. Im Hin und Her der Geschichte wurde Breisach keltisch und römisch, französisch und vorderösterreichisch, deutsch und elsässisch, bis es schließlich zu Europa gehörte.

369 n. Chr. fand die erste urkundliche Erwähnung statt. Der Name wird hergeleitet vom keltisch-gallischen „brisin ac" der Berg an dem sich das Wasser bricht.

Als bedeutendste Festung Europas wurde Breisach im 17. und 18. Jahrhundert genannt, eine Auszeichnung, die der Stadt teuer zu stehen bekam. Breisachs Oberstadt hatte am meisten zu leiden und konnte sich nach den Kriegen 1793 und 1870/1871 nicht mehr erholen. Noch im Jahre 1939 schrieb Friedrich Metz in seinem Buch „Der Kaiserstühler": „... Von dieser einst so herrlichen Stadt, wie sie uns Merian und andere gezeichnet haben, stehen nur noch Trümmer, ausgenommen das Münster, daß alle

Stürme gleichzeitig überstanden hat." Es stellt den bedeutendsten Kirchenbau am Kaiserstuhl dar.

Kein Geringerer als Martin Schongauer schuf den Freiheitszyklus des Jüngsten Gerichtes, an dem er bis zu seinem Tode (1491) arbeitete und H. L. (der mögliche Name ist Hans Loy) vollendete sein Meisterwerk „Die Marienkrönung" in den Jahren 1523-26.

„An die Paläste der Patrizier und das schöne Rathaus erinnern nur noch Torbogen und Fenster, aber hinter diesen Türen und Fenstern breiten sich Gärten und Weinberge aus.

Die Oberstadt wurde schließlich zur Stadtruine. Sie war aus dem Schutt der frühen Städte und Festungen erbaut worden ... Heute wohnt der überwiegende Teil der Bevölkerung am Fuß der Hügel ... Möge dieser Stadt, die einst der 'Schlüssel des Reiches und sein Ruhekissen' war, eine bessere Zukunft beschieden sein."

Als der Dichter Friedrich Schlegel im Jahre 1803 an den Ufern des Rheins stand, schrieb er vorausschauend in sein Tagebuch:

„Nirgends werden die Erinnerungen an das, was die Deutschen einst waren, und was sie sein könnten, so wach, wie am Rhein. Der Anblick

dieses deutschen Stromes muß jedes deutsche Herz mit Wehmut füllen... Hier wäre der Ort, wo eine Welt zusammen kommen und von hier aus übersehen und gelenkt werden könnte..."

Ein vereintes Europa wollten die Breisacher schon sehr früh.

Doch 1945 standen sie wieder in den Trümmern ihrer Häuser.

Fünf Jahre später jedoch haben sich die Bürger selbst ein unsterbliches Denkmal gesetzt. Am 9. Juli 1950, fand in Breisach die erste Volksabstimmung über die Einigung Europas statt. Bei einer Wahlbeteiligung von

28

Käte Knüttel   Schülerin   Freiburg.

28. V. 33 Marlene Dietrich   Filmschauspielerin   Berlin

28. V 33   Kindergärtnerin

28. V 33 Maria ...   Lehrerin

28. V 33 Helene ...   "

4.6.33   ...

4.6.33   Schüller   Verwalter

5.6.33   Karl ...   ...

5.6.33   ...   Schüler

7. 6. 33 ... Valentin Tänzer   Musiker   Karl...

8. 6. 33   Schülerin O II

8. 6. 33   Schülerin U III.

8. 6. 33   Schüler

8. 6. 33   Schülerin V II

8. 6. 33   Schüler   IV.

8. 6. 33   Schüler   V.

8. 6. 33   Schüler   VI

                                Hospitant   Freiburg

14.6.33   Berlin

14.6.33   Magde...

17.6.33   Schüler

17.6.33   Schüler

17.6.33   Schüler

18.6.1933 ...   Schwenningen

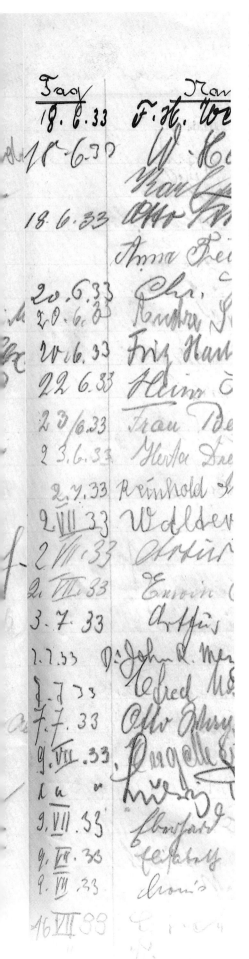

87,5 % stimmten 95,6 % für Europa. An diesen Tag erinnern zwei Skulpturen. Der Europa-Brun-nen auf dem Marktplatz und - anläßlich des 50. Jahrestages dieses Volksentscheides - der Stier auf dem Münsterplatz, den Helmut Lutz schuf.

Wie im August 2005 bekannt wurde, wollen sich die Breisacher im Jahre 2007 mit vierzehn anderen französischen Städten bei der Unesco als „Weltkulturerbe" bewerben.

Der Grund ist plausibel: In diesen Städten hat der Franzose Sébastien Le Prestre de Vauban (1633 - 1707), einer der größten Festungsbaumeister seine Spuren hinterlassen.

Aber warum, so fragte ich den Breisacher Bürgermeister Alfred Vornab, ist die Partnerschaft mit Neuf Brisach auf der französischen Rheinseite so spät erfolgt: „Im Innern gehörten wir schon lange zusammen. Es gibt heute viele Lebensformen. Ich kann verheiratet sein oder ich verbringe mein Leben mit einem Partner. Ob mit oder ohne Trauschein spielt heute keine Rolle mehr. Neuf Brisach und

Breisach haben im Verlauf ihres Zusammenlebens viele Projekte gemeinsam erfolgreich durchgeführt. Dies sollte mit der Jumelage (Städte-Partnerschaft) zur Jahrtausendfeier 2000 öffentlich besiegelt werden. So ist es eigentlich mein größter Wunsch einen Eurodistrikt zu schaffen, in dem Bürger aus allen europäischen Ländern gleichberechtigt miteinander leben können. Ich würde auch die Gründung einer europäischen Schule, die ein weiteres Fundament bilden könnte, begrüßen."

Der 1942 in Hartheim geborene Alfred Vornab, der das Bürgermeisteramt seit 1982 bekleidet, hat im Verlauf seiner bisherigen Amtszeit viel für das Wohl dieser Stadt getan. Das manifestiert sich auch in den nachfolgenden Zahlen. Wenn es im Jahre 1982, zu Beginn seiner Amtszeit ca. 25.000 Übernachtungen und ca. 300.000 Tagesgäste gab, so waren es im Jahre 2004 statistisch erfasste 60.000 Übernachtungen und ca. 800.000 Tagesgäste. Die Zahl der Einwohner erhöhte sich von 9.600 auf 14.000.

Viele prominente Zeitgenossen besuchen jährlich das schöne Breisach. Die Eintragungen in das „Goldene Buch" der Stadt geben Zeugnis davon. Theodor Heuss,

Willy Brandt, Otto von Habsburg, Richard von Weizsäcker, Hans Dietrich Genscher, u.v.m. Doch eine Berühmtheit aus dem vergangenen Jahrhundert fehlt darin: Marlene Dietrich, die aller Wahrscheinlichkeit nach, 1933 Breisach besucht haben dürfte. Der Stadtarchivar und Museumsleiter Uwe Fahrer blätterte im Jahre 2000 die Gästebücher des Kaiserstuhl-Museums durch und entdeckte einen Eintrag vom 28. Mai 1933: „Marlene Dietrich, Filmschauspielerin Berlin." War sie tatsächlich in Breisach? Und was wollte sie hier?

Eine Rückfrage an die Stiftung Deutsche Kinemathek gibt keine Klarheit: „...Die Schrift der Eintragung ins Gästebuch des Museums könnte vielleicht tatsächlich von ihr stammen... Völlig auszuschließen ist der Aufenthalt Marlene Dietrichs in Breisach nicht. ..."

Fest steht, dass die Dietrich am 19. Mai 1933 in Paris ankam. Welche Länder sie bis August 1933 besuchte, weiß man nicht. Jedenfalls schockierte sie in dieser Zeit die Weltöffentlichkeit durch das Tragen von Männerkleidung, wofür sie sogar einen Verweis von der französischen Polizei erhielt. Im August desselben Jahres war sie bei den Salzburger Festspielen, und

im September weilte sie in Wien. Dann kehrte sie über Paris und Neapel nach Hollywood zurück. Aus verschlüsselten Aufzeichnungen ist jedoch anzunehmen, dass sie in der Zeit von Mai bis August wegen eines Internatsaufenthaltes ihrer Tochter, einige Tage die Schweiz besuchte und somit auch über Breisach gereist sein kann. Da sie sich vorgenommen hatte, niemals mehr deutschen Boden zu betreten, kann die Dietrich nur inkognito in Breisach gewesen sein. Vielleicht hat sie sich von dem damaligen Museumsleiter Eugen Langer überreden lassen, sich mit etwas veränderter Schrift einzutragen.

Wenn Sie von Mitte Juni bis Mitte September nach Breisach kommen sollten, so empfehle ich Ihnen einen Besuch bei den Breisacher Festspielen. Amateure spielen herzerfrischend Komödie und Kindertheater.

„Traber Denkmal" von Helmut Lutz

92

DER
SEILTÄNZER

Mindestens dreißig Clowns verfolgten wortlos auf Schränken sitzend, auf Fensterbänken stehend, an Wänden hängend, ein Gespräch, das ich mit dem Chef der weltberühmten „Traber-Familie", Falko Traber, führen konnte. Seit 1512 gibt es die Trabers. Seit Beginn des 20. Jahrhunderts bereisen sie die ganze Welt. Die gefragten Hochseilartisten, mit ihren sensationellen atemberaubenden Shows, fühlen sich auf jedem Fleckchen dieser Erde wohl, doch sie haben nur ein Zuhause: Breisach.

Unweit ihres Denkmals, das Helmut Lutz schuf, steht ihr bescheidenes Häuschen, in dem die Clowns aus Porzellan, Glas oder Holz geformt, der Sammlerleidenschaft von Falko Traber frönen. Er, der sich von der Ruhe des Kaiserstuhls inspirieren lässt, ist ein sympathischer Mann mit großen neugierigen Augen. Manchmal ist er wie ein Kind, das beispielsweise ausprobieren möchte, ob man auf einem acht Meter über der Erde gespannten Seil dreizehn Tage und Nächte leben kann. Er konnte es. Ein Weltrekord schloss sich dem anderen an: Gelaufener Längenweltrekord über 640 Meter. Längenweltrekord auf dem Motorrad in 80 Meter Höhe über 700 Meter. Die Überquerung der Zugspitze auf dem Seil ...

Er philosophiert gerne über sein Berufsleben: „Jeden Tag muss ich damit rechnen, vom Seil zu fallen. Es ist immer eine Herausforderung und immer eine Premiere. ... Die Angst spielt mit. Angst ist die einzige Lebensversicherung, die schützt. ... Mit der Aufnahme der Balancestange bin ich ein anderer Mensch. Ausgelastet. ... Am Anfang des Seilaktes spielt sich alles in meinem Kopf ab, aber nach dem Start ist es ein intuitives Handeln. Es ist wie Selbsthypnose. ... Ich muss mich davor hüten, hochmütig zu werden. Wenn ich auf dem Seil, über den Köpfen des Publikums tanze, kann dies leicht passieren. ... Ich bin kein christlicher Mensch im landläufigen Sinne. Aber, ich bin Gott dankbar, dass er mich auf diese schöne Erde geholt hat, die leider immer noch blutig verteilt wird. Ich bete jeden Abend. ..."

Im Juli 2005 erhielt er und sein Breisacher Freund Helmut Lutz in Istanbul den Europäischen Kultur-Projekt-Preis.

Ein Buch über sein Leben ist geplant.

Die Clowns stehen immer noch an der gleichen Stelle. Sprachlos. Ihre Nasen sind zwischenzeitlich röter geworden ...

Peter Bercher stellt den Typus eines erfolgreichen Geschäftsmannes dar. Fester Handschlag, klarer Blick, Distanz haltend. Der mittlere Sohn des Weingutes Bercher in Burkheim ist von jeher zurückhaltend, aber geschäftstüchtig - wie fast alle Kaiserstühler, die Erfolg haben. „Ich hasse es wie die Pest, sich in Position zu setzen, Mittelpunkt zu sein. Ich bin nicht besser und nicht schlechter als die anderen Angestellten in unserem Betrieb." Die Firma „Erismann" ist eine der größten und erfolgreichsten Tapetenfabriken in Europa. Im Jahre 1838 wurde sie in Breisach gegründet und seitdem geht es steil bergauf. Mit der Einführung moderner Produktionsverfahren, beispielsweise dem Siebdruck, suchte man auch einen neuen Geschäftsführer und fand ihn im Jahre 1978 in Peter Bercher. 1985 führte er den Siebdruck ein. Viele Ideen und faires Handeln brachten dem Unternehmer bald Vertrauen. 2004 gründete er sogar eine Niederlassung in Moskau, da Rußland mit etwa 150 Millionen Einwohnern einen Jahresverbrauch von 200 Millionen Tapetenrollen hat.

Obwohl die Ästhetik in den Produkten der Firma Erismann unübersehbar ist, richtet sich Bercher nach dem „alltäglichen Publikumsgeschmack": „Ich kann nicht immer nur Beerenauslese trinken. Da würde mir letztlich kein Wein mehr schmecken." Auf meine obligatorische Frage, was er als Kaiserstühler vom Kaiserstühler hält, antwortet er zurückhaltend: „Es gibt solche und solche. Sie sind aufgeschlossen, manchmal stur. Aber sie wissen in aller Bescheidenheit, was sie wollen."

„Inspiriert Sie der Kaiserstuhl?"

„Wir sind hier bestens angesiedelt. Persönlich freue ich mich jeden Tag, dass ich mit meiner Familie hier lebe."

„Wie führt man ein derartiges Unternehmen so erfolgreich?"

„Man muss sich unterordnen. Man muss seinen Mitarbeitern Entscheidungsfreiheit geben, nicht nur in den Führungsetagen. Sie wissen dann, dass ihre eigenen Entscheidungen für den Fortbestand des Unternehmens genauso wichtig sind wie die der anderen."

„Kaiserstuhl und Industrie - passt das zusammen?"

„Wenn eine Ansiedlung verantwortungsvoll ausgesucht wird, dann ja. Unsere Produktionen zum Beispiel sind umweltfreundlich abgestimmt. Die Tapeten, die wir erzeugen, kann man zwar nicht essen, doch wenn ein Kind sie einmal abschlecken sollte, so nimmt es keinen gesundheitlichen Schaden. Unsere Produkte tragen das ökologische Gütezeichen."

Am Ende des Gespräches lächelt der Kaiserstühler. Er redet sogar ein wenig im Kaiserstühler Dialekt. Das macht ihn sympathisch.

DER UNTERNEHMER

SIEBEN AUF EINEN STREICH

Stadt Vogtsburg

Kurioses aus den Winzerdörfern

Vogtsburg Achkarren, Vogtsburg Bickensohl, Vogtsburg Bischoffingen, Vogtsburg Oberbergen, Vogtsburg Oberrotweil, Vogtsburg Schelingen, Vogtsburg Burkheim

Alt-Vogtsburg

Die Gemeindereform hat 1975 zugeschlagen. Sieben auf einen Streich! Achkarren und Bickensohl, Bischoffingen und Burkheim, Oberbergen und Oberrotweil sowie Schelingen erhielten zwangsweise den Familiennamen Vogtsburg. Vogtsburg, das 972 erstmals in einer Kaiserurkunde genannt wurde, leitete man von Alt-Vogtsburg ab. Was stellt Alt-Vogtsburg heute dar? Ein paar Häuser, eine Kirche, eine Wirtschaft, eine Hand voll Kräuter, Blumen, eine Schafherde, und eine Straße, die über den Vogelsangpass Oberbergen mit Bötzingen verbindet. Das Stadtrecht brachte Burkheim ein und ich frage mich, warum nicht Burkheim als Familienname genommen wurde.

Insgesamt haben die Ortsteile einschließlich Alt-Vogtsburg 5.800 Einwohner. Nach dem Zusammenschluss konnte Vogtsburg mit einer ansehnlichen Statistik aufwarten:

Vogtsburg wurde zur größten Weinbaugemeinde Baden-Württembergs.

Auf einer Fläche von 3.740 Hektar befinden sich 12 Naturschutzgebiete.

Es gibt 1036 Winzergenossenschaften, Weingüter und Winzer.

11 Millionen Liter Wein werden jährlich ausgebaut.

35.000 Gäste besuchen im Jahr das Gebiet Vogtsburg und übernachten 170.000 mal. Vogtsburg beherbergt das einzige Weinbaumuseum im Kaiserstuhl.

Im Gebiet Vogtsburg befindet sich eines der besten Restaurants (ein Michelin-Stern) in Deutschland.

Ich möchte Ihnen aus den sieben Gemeinden Vogtsburgs einige Anekdoten, Geschichten, Legenden, Wahres und Phantasievolles, erzählen.

STADT VOGTSBURG
VOGTSBURG
Stadt der Superlative

In den Gemeinden, die unter dem Namen Vogtsburg zusammengeschlossen wurden, lebte zeitweise Baron Philippe Frederic von Dietrich, der 1748 in Straßburg geboren wurde. Er wird als der Entdecker der vulkanischen Natur des Kaiserstuhls benannt. Seinen Bekanntheitsgrad verdankt er jedoch der Tatsache, dass er den Auftrag vergab, die „Marseillaise" zu schreiben. In seinen vier Wänden erklang sie zum ersten Mal. Schließlich wurde er 1792 der erste konstitutionelle Bürgermeister der Stadt Straßburg. Die nachrevolutionäre Schreckensherrschaft verurteilte ihn wegen seiner bourgeoisieschen Vergangenheit 1793 zum Tode durch die Guillotine. Der Schatten Robespierres fiel über die Dörfer, die heute zusammen den Namen Vogtsburg tragen.

Hier soll im 14. Jahrhundert am Fuße des Badbergs die Kaiserstühler Badekultur eingeführt worden sein. Bis in das 17. Jahrhundert sind die Badgeschichten voll Fröhlichkeit und natürlicher Erotik, zumal die warmen Quellen im Badloch „stimulierend" entspannten. Man munkelt, dass es von Dietrichs letzter Wunsch war, im Badloch zu baden. Ob er erfüllt wurde, weiß man nicht. Wollen Sie dort nicht einmal „Wassertreten"?

Das Dorf, in dem sich das Weinbaumuseum und das weit über die Grenzen angesehene Restaurant und Hotel „Krone" befinden, wurde im Jahre 1064 erstmals erwähnt. Auf dem Schlossberg stand ein Schloss, das man nach seiner Erbauung 1249 Schloss Höhingen nannte. 400 Jahre später zerstörten es die Franzosen. Die Einheimischen benutzten die Steine der Ruine zum Bau ihrer Häuser. Man schätzt, dass bis zu zwanzig Häuser davon profitierten. Als aber der französische Festungsbaumeister Vauban Breisach durch acht Bastionen zur stärksten Festung Europas machte, ließ auch er Steine von dem ehemaligen Schloss holen. Tausende von „wandernden Steinen" verkaufte der badische Markgraf Friedrich VII. an den Festungsbaumeister Sébastian Le Prestre maréchal de Vauban (1633-1707). Die wenigen noch übrigen Mauern wurden von den Ihringern illegal abgebrochen. Dies geht aus einem Urteilsspruch hervor, den Goethes Schwager Schlosser (1739-1799) als Emmendinger Amtmann (1774-1787) fällte. Es konnte eine Gefängnisstrafe verhängt werden oder eine finanzielle Buße.

Die Leute, die illegal Steine „eroberten" wurden in das Gefängnis geworfen. Dort wartete die Folterkammer auf sie, die sich in den tiefen Kellergewölben des heutigen Restaurants „Krone" befand.

Seit mehr als dreißig Jahren komme ich schon in das Hotel „Krone", das meine Eltern, Kunigunde und Hans Weth, jahrzehntelang als Urlaubsdomizil ausgewählt hatten. Alles in den Gasträumen sieht noch wie damals aus. Sogar, die Dosen, die nach Rechnungsstellung mit Musik das Geld einziehen gibt es noch. Gerade das gefällt dem Patron, Jürgen Schüssler der im Juni 2000 das Haus aus alter Familientradition übernahm. Der ideenreiche Meisterkoch, der Mitbegründer der Vereinigung „Kulinarischer Kaiserstuhl" versteht nicht nur badische Spezialitäten nach authentischen Rezepten zu servieren, er ist auch ein her-

vorragender Moderator seiner Kochkunst, die immer mehr Elsässer nach Achkarren lockt. Wo gibt es noch ausgebeinten Ochsenschwanz in frischem knackigen Gemüsesud, dazu selbstgemachte Gewürznudeln. Für das badische Schäufele mit Kartoffelsalat scheint er ein Geheimrezept zu haben, denn den unvergleichlichen Räuchergeschmack findet man nur hier. Für die gleichbleibende Qualität sorgt ein siebenköpfiges Küchenteam. Einundzwanzig weitere Mitarbeiter kümmern sich um das Wohl der Gäste.

Von den prominenten Gästen sind vor allen die

Fußballstars zu nennen. Von Sepp Herberger über Fritz Walter bis hin zum „Fußball-Kaiser" wissen alle die „Krone" zu schätzen. Die historische „Grotte", eine hauseigene Diskothek aus den sechziger Jahren des vergangenen Jahrhunderts findet immer wieder ihre Beachtung. Damals war sie die „Eheschmiede" am Kaiserstuhl.

Für besondere Anlässe öffnet Jürgen Schüssler auch heute noch ihre Pforten.

An einer Wand der Diskothek aber hat Jürgen Schüssler unlängst den Eingang eines Geheimganges entdeckt, der nicht bergab sondern bergauf führt. Er nimmt an, dass es sich hier um eine Verbindung zum ehemaligen Schloss handelt. Die Grabungsarbeiten sollen demnächst beginnen.

Weinbaumuseum

99

Der im Herzen des Kaiserstuhls liegende Ort Bickensohl bietet mit 150 Hektar Rebfläche nichts Weltbewegendes. Hier ist die Zeit wirklich stehen geblieben. Jeder kennt jeden von den rund 400 Einwohnern. Die Nacht beginnt in Bickensohl um 22:00 Uhr; gleich ob es schon dunkel ist oder nicht. Man klappt die Gehsteige hoch, schließt die Fensterläden, riegelt das Torli ab und ist mit sich und der Welt alleine.

Um diese Zeit kommt vom Doppelgipfel „Neulinden" (556 m) und dem „Totenkopf" (557 m) meistens ein frischer Windzug in das Tal, in dem die Einheimischen immer noch die Schreie der Hingerichteten hören. Der Totenkopf soll einstmals die Richt- und Schädelstätte gewesen sein, die König Rudolf von Habsburg eingerichtet hatte.

In der Nähe der Winzergenossenschaft können Sie eine der schönsten und größten noch erhaltenen „Weintorkel" aus dem Jahre 1788 bestaunen. Sie stammt aus Kenzingen/Baden und wurde 1969 angekauft. Bis zum Ende des Jahres 1945 war sie noch in Betrieb. Sie stellt das älteste Press-System für die Verwertung von Trauben dar.

Noch etwas Einmaliges aus dem Dorf am Eichbachtal, der „Heimat des Grauen

Burgunders" wie einige Schilder und Transparente im Ort bezeugen. Unter Markgraf Karl II. von Baden wurde

Bickensohl 1556 evangelisch. Wo die jetzige evangelische Kirche steht, befand sich bereits im 11. Jahrhundert ein katholisches Gotteshaus. Bei der Innenrenovierung der Kirche im Jahre 1995 wurde aus alten Rechnungsbüchern festgestellt, dass die Kirche rechtlich dreigeteilt ist. Gemäß den Besitzurkunden gehörte das Langhaus dem Land Baden-Württemberg, der Chor der Kirchengemeinde und der Turm mit den Glocken der Gemeinde Bickensohl. Ob die Rechnung der Renovierung 1995 auch dreigeteilt wurde?

VOGTSBURG
BICKENSOHL
Die dreigeteilte Kirche

In den 70er Jahren des 20. Jahrhunderts konnte sich Bischoffingen über fehlende Gäste nicht beklagen. Aus Basel und Hamburg, aus Paris und München kamen sie angereist, um den „Bischoffinger Wunderzahn" zu sehen. Fast zur gleichen Zeit pilgerte die buddhistische Welt nach Kandy in Sri Lanka, um dort ebenfalls einen Zahn zu bestaunen. Der Legende nach handelt es sich hier um einen Originalzahn von Buddha, dem in Kandy ein Tempel erbaut wurde und dem allerlei Wunder zugeschrieben werden. Allerdings ist der buddhistische Zahn „heilig" und

wird jedes Jahr auf eine sechstägige Prozession geschickt, zu der Tausende von Gläubigen kommen.

Der „Bischoffinger Wunderzahn", der im Vergleich zum „Heiligen Zahn" aus Kandy eine Länge von 3,30 m hat, wurde erst 1974 im Rahmen der Flurbereinigung entdeckt. Er gehörte vor etwa 40.000 Jahren zu einem Mammut.

Einige Bischoffinger, so wird erzählt, waren der Ansicht, dass dieser Zahn aus der Weltenschöpfung genauso heilig wäre, wie der des Buddhas und schlugen daher ebenfalls eine sechstägige

Prozession durch den Kaiserstuhl vor. Warum wurde dieser Vorschlag nicht ernst genommen?

Jedenfalls bauten die Bischoffinger ihrem Mammutzahn auch einen Tempel, in Form eines Foyers in der Turn- und Festhalle.

Dieser großartige Fund beweist, dass bereits viele Jahre vor unserer Zeitrechnung ein bewegtes Leben im Bereich von Bischoffingen herrschte. Offiziell wird Bischoffingen aber erst im Jahre 1008 bekannt, als Kaiser Heinrich II. den Ort an den Bischof von Basel verschenkte. Mit derartigen Geschenken war die Obrigkeit der damaligen Zeit großzügig. Der eine verschenkte ein fleißiges Dorf, der andere bekam dafür eine angesehene Stadt. Die Herrscherin über den Herrschern war aber die Kirche.

Sehenswert ist in Bischoffingen vor allen Dingen die Pfarrkirche St. Laurentius, deren Ursprung im 12. Jahrhundert liegt. Bis zur Reformation 1556 war die Wehrkirche katholisch, dann verpflichteten sich die Bischoffinger, den protestanti-

VOGTSBURG
BISCHOFFINGEN
Zahn um Zahn

schen Glauben anzunehmen. Die Kirche aus dem Mittelalter hat einen gotischen Turm und einen spätgotischen Chor. Zwischen beiden baute man 1742 ein barockes Langhaus hinzu. Erst 1909 wurden die Freskenmalereien aus dem 14. und 15. Jahrhundert entdeckt.

Das kleine Winzerdorf mit etwa 650 Einwohnern hat seine Ursprünglichkeit bis zum heutigen Tag erhalten, denn es öffnete sich dem Fortschritt erst sehr spät. Ein Beispiel dafür stellt die Trinkwasserversorgung dar, die für Mensch und Tier bis Mitte des 20. Jahrhunderts an den öffentlichen Brunnen vollzogen wurde. Erst 1954 wurde eine ordentliche Wasserversorgung installiert.

In einer Beschreibung Bischoffingens aus dem Jahr 1926 heißt es unter anderem: „Um das Jahr 1800 hatte Bischoffingen 390 Seelen, eine Kirche, eine Schule, 63 Wohn- und 91 Nebengebäude. Die Bischoffinger waren schon in früheren Zeiten als sangesfreudiges, lustiges Völklein bekannt, wozu der gute Tropfen, der da wächst, viel beigetragen hat."

Nach einem Regentag entschädigt mich ein herrlicher Juli-Abend hoch über Bischoffingen mit einem Blick über die Vogesen bis nach Colmar. Vogelgezwitscher leitet die Dämmerung ein. Ich sitze inmitten der Spätburgunder-Reben, im Altenteil der Winzerfamilie Wilhelm und Hannili Schmidt. Hannili erzählt. Sie ist eine 73-jährige Bauersfrau, selbstsicher, liebenswürdig, der Mittelpunkt der Familie. Ihre langen grauen gepflegten Haare hat sie zum Dutt gebunden, denn seit der Hochzeit ging sie nicht mehr zu einem Friseur. Ihr Mann Wilhelm, etwas gebeugt von überstandener Krankheit, sitzt daneben und überlässt das Wort gerne seiner Frau.

Hannili war die Älteste von acht Kindern aus einer Bauernfamilie in Königschaffhausen. Statt die weiterführende Schule zu besuchen, half sie der Mutter auf dem Bauernhof und ging in der nahen Stadt auf die Landwirtschaftsschule. Das Elternhaus in Königschaffhausen wurde allmählich für die große Familie zu klein.

Die Kriegswirren verhinderten vorerst jedoch das Bauen. Frankreich und die Grenze war nicht weit. Dreimal wurde ihre Familie evakuiert. Mit wenig Habe, aber mit dem gesamten Vieh, ging es hinauf in den Schwarzwald. Unvergeßlich ist für Hannili, mit welcher Selbstverständlichkeit ihre Familie von einer fremden Familie aufgenommen wurde. Zwischen den beiden Familien bildete sich sogar eine Freundschaft. Der Krieg ging 1945 zu Ende. Königschaffhausen gehörte wieder den vertriebenen Familien. Man machte Ordnung im Dorf. Die Währungsreform kam. Sollten sie nun bauen oder nicht? Ja, der Vater baute ein neues Haus. Hannili lernte ihren Mann Wilhelm Schmidt von Bischoffingen kennen, sie heirateten und bekamen drei Kinder.

Das größte Erlebnis der Reb-Bäuerin bahnte sich an. Im Rahmen der Aussiedlung 1967/68 und im Zuge der Flurbereinigung bauten sie 1970 einen Winzerhof und bepflanzten den Berg mit Spätburgunder-Setzlingen. 1971 war der Hof bezugsfähig. Nach drei Jahren konnten sie auf die erste Ernte hoffen. Unabhängig von der Winzergenossenschaft gehört heute das Weingut Schmidt zu den siebenundzwanzig Haupterwerbswinzern von Bischoffingen. Auf sieben Hektar Land bauen sie Müller-Thurgau, Riesling, Grau- und Weißburgunder, Silvaner, Gewürztraminer und Spätburgunder an. Aufgrund ihrer Erfolge wurde der Betrieb immer größer, so dass es eine Selbstverständlichkeit war, dass auch die Kinder ab und zu mitarbeiten mussten. Und das Anbaugebiet wächst immer noch, denn viele Bauern verkaufen ihre Rebgrundstücke, da die Nachkommen im Weinanbau keine Existenzgrundlage mehr sehen.

Anders bei der Großfamilie Schmidt. Sie könnten sich keine schönere Arbeit vorstellen, als „Gottes Weinberg" zu bewirtschaften. Sie haben Erfolg damit. 2002 konnten sie einen Spätburgunder mit 102° Oechsle ernten. Es waren aber

DIE
REB-BÄUERIN

so wenige Flaschen, dass dieselben im Handumdrehen verkauft waren.

Ein Geheimtipp: Das kleine Weingut Schmidt, das jetzt vom ältesten Sohn weitergeführt wird, verkauft nur selten Weine an die Gastronomie. Die Privatkundschaft hat Vorrang. Jede Flasche, die zum Kunden geht, begleiten die guten Wünsche der Familie Schmidt, verbunden mit Gottes reichem Segen.

Die Sympathie ist groß, die Fritz Keller entgegengebracht wird. Merkwürdigerweise am größten von den Persönlichkeiten, die er wie von Geisterhand verschwinden lässt, wenn sie sein Haus betreten. Ein französischer Staatspräsident, ein deutscher Bundeskanzler, eine Oskar-Lady Hollywoods ...

Schon sein Vater Franz Keller, ließ seinen berühmten Gästen jeden gewünschten Schutz bei kulinarischen Köstlichkeiten zuteil werden. Dies sprach sich wie ein Lauffeuer herum. Das kleine Dorf Oberbergen und sein, seit 1969 mit einem Michelin-Stern versehener Gasthof „Schwarzer Adler", kam weltweit ins Gespräch.

Franz Kellers Name wurde aber nicht nur durch eine hervorragende Küche bekannt, sondern auch durch sein oftmals eigensinniges Verhalten. Er war gegen die große Flurbereinigung im Kaiserstuhl, vergebens. Heute ist man dankbar. Franz Keller war aber auch seiner Zeit voraus und forderte bereits 1960 durchgegorene Weine. Franz Keller zählt zu den Vätern des Grauburgunders. Nach dem 2. Weltkrieg war er einer der ersten, die es wagten, den deutsch-französischen Gourmet-Tourismus einzuführen. Ein großer Erfolg, bei dem nicht nur die Gastronomie profitierte.

Inzwischen ist sein Sohn Fritz Keller ein grandioser Nachfolger. Jeden Tag ist dieser Mann in mindestens drei Rollen zu sehen: Mit dunklem Anzug als General-Manager im Gasthof „Schwarzer Adler". Äußerst liebenswürdig und zuvorkommend berät er seine Gäste bei der Wahl der Menüs. Wie kein anderer spricht er Weinempfehlungen aus, die noch nie gereut haben.

Für die zweite Rolle wechselt er das Hemd und die Jacke, geht über die Straße und ist der Patron in seinem Winzerhaus „Rebstock". Zur Freude der Gäste ordert und bringt er die Speisen selbst, versehen mit fachkundigen Kommentaren. Er sieht den „Rebstock" als „Einstiegsdroge" für Genießer. Er soll kulinarische Suchtgefühle wecken, die dann irgendwann einmal im „Schwarzen Adler" befriedigt werden.

Für die dritte Rolle, die des Kellermeisters, ist er in Jeans und Pulli zu sehen. Gerne zeigt er seinen Gästen die in den Löss getriebenen, über 100 Meter langen Stollen, in denen rund 1 Million Flaschen Wein bei einer gleichbleibenden Temperatur von 12 Grad lagern. Die besten Weine aus seinem Rebland, aber auch Kostbarkeiten wie

ein 1998 Chateau Lafite Rothschild oder ein 1999 Pomerol Cht. Petrus (für Euro 1.130,00) sind hier zu finden.

Er ist der Vater für 75 Mitarbeiter, davon 16 Köche, die unter ihrem Chef, Anibal Strubinger, täglich Meisterleistungen vollbringen.

Als ich mit Fritz Keller über seinen Vater sprach, erzählte ich ihm eine Geschichte, die sich vor einigen Jahren abspielte und die der Anlass war, dass ich mir vornahm, den „Schwarzen Adler" nicht mehr zu besuchen. Seit undenklichen Zeiten war ich Stammgast bei seinem Vater. Eines Tages wanderte ich von Achkarren nach Oberbergen und wollte zur Mittagszeit in der rustikalen Stube speisen. Als mich Franz Keller in Wanderkleidung sah, kam er auf mich zu. Ich hielt ihm die Hand zur Begrüßung hin. Er beachtete sie nicht und wies mich sofort aus dem Haus: „Mit Wanderkleidung haben Sie hier keinen Zutritt."

Fritz Keller konnte es nicht fassen. Dann trafen sich unsere Blicke und beide mussten wir herzhaft lachen. Plötzlich hielt er inne: „Verzeihen Sie meinem Vater, es geht ihm denkbar schlecht, er hatte mehrere Schlaganfälle."

Nach einer herrlichen Nacht in einem geschmackvoll eingerichteten Appartement des angeschlossenen Hotels genieße ich das fürstliche Frühstück. Es ist sieben Uhr morgens und Fritz Keller ist schon wieder auf den Beinen. Er verabschiedet mich.

Die schwarzen Limousinen auf dem Parkplatz fuhren bereits um sechs Uhr ab. Ich frage Fritz Keller: „Im Vertrauen, wer war denn hier?" Seine Antwort: „Bedaure, sie waren da, als wären sie nicht hier gewesen."

Wandmalereien, die 1350 entstanden sein sollen, eine Barockorgel, ein Kreuzrippengewölbe aus der Spätgotik tun ihr übriges.

Oberrotweil hat derartige Sehenswürdigkeiten nicht zu bieten. Dafür aber präsentiert es einen meist gut gelaunten Bürgermeister, der bewundernswert die Eigen-Charakteristik der sieben zusammengeschlossenen Dörfer zu erhalten weiß.

Gabriel Schweizer hat für große und kleine Probleme immer ein offenes Ohr und sucht den Kontakt zu den Gästen, die Oberrotweil als ein schönes Winzerdorf schätzen.

Hier verstand man schon früh „Wein und Kunst", wie die „Visitenkarte" am Ortseingang zeigt, zu vereinen. Seit 21. November 1971 steht dort ein vom Bildhauer Hubert Bernhard gehauener Kalkstein. „Ein sich aufbäu-

Obwohl Oberrotweil das Verwaltungszentrum für sieben weitere Ortschaften darstellt, wird von den Kennern des Kaiserstuhls Niederrotweil bevorzugt.

Da sind zunächst die Steinbrüche am Kirchberg und am Büchsenberg zu nennen, die für jeden Geologen und Vulkanologen von größtem Interesse sind. Dort ist aber auch die katholische Wehrkirche St. Michael. Sie wurde 1157 erbaut und stellt somit die älteste katholische Kirche vom Kaiserstuhl dar. Historiker machen sie noch dazu zur bedeutendsten Kirche der Feuerinsel, denn hier finden Sie einen aus Lindenholz geschnitzten Choraltar der mit H. L. gezeichnet ist. Es wird angenommen, dass die Altäre in Breisach und in Niederrotweil von dem selben Künstler geschaffen wurden.

VOGTSBURG
OBERROTWEIL
Die Rotwila
aus Oberrotweil

mendes Pferd bringt einen beachtlichen Schwung ins Geschehen. Es soll dokumentieren: In Oberrotweil tut sich was. Dem Kundigen hält es darüber hinaus noch die Erinnerung wach an das alte Kreuz, das an der gleichen Stelle dem Gedächtnis von Unfällen mit scheuenden Pferden gewidmet war. Welch hohe Kunst im alten Rotwilare zu finden ist, sagt eine Inschrift auf der Schmalseite

des Steines und die Hinweise auf das bedeutende Geschehen im Weinbau, sind gleichfalls zu lesen.

Umschreitet der Betrachter dann den mächtigen Stein, so

wird er gewiss innehalten vor einer Darstellung ganz besonderer Art. „Wein ist seit altersher nicht nur ein Genussmittel, er wurde auch als Heilmittel gepriesen. Im

biblischen Gleichnis vom barmherzigen Samaritan, ist diese Verwendung des Weines wohl jedem Beschauer bekannt. Hier liegt nun ein geschlagener Mensch hilfebittend am Boden: 'Er bedarf deiner Hände' - wie zeitgemäß ist doch heute wieder in den Gefahren des Straßenverkehrs dieses Wort...." Diese ermahnenden Worte stehen auf dem Stein.

Erwähnenswert sind die vielen „offenen Künstlerateliers" und das „Wachthisli" von 1666 in dem interessante Wechsel-Ausstellungen gezeigt werden.

Noch etwas unterscheidet Nieder- von Oberrotweil: Der Boden ist in Niederrotweil ab und zu etwas rot gefärbt. Es wird angenommen, dass hier in früherer Zeit Ziegel hergestellt wurden. Der feine rote Staub setzt sich überall ab. Er drang in den Boden ein, blieb

an den Häuserwänden haften, färbte die Dächer rot. Das sind die „Rotwila" sagte man in dieser Gegend, aus der sich dann der Name Oberrotweil entwickelt haben soll.

Schelingen hat nur 330 Einwohner, wurde 990 n. Ch. erstmals erwähnt und war eine Hirtensiedlung der Alemannen. Die Franken vertrieben sie. Es wurde zum fränkischen Königsgut und später zum Reichsgut. Seitdem diente das Dorf samt der Einwohner immer wieder als ein attraktives Geschenk. „Scaleia" hieß es ursprünglich. 1806, als Schelingen badisch wurde, gab es keine derartigen Schenkungen mehr. 1833 erbauten die Schelinger trotz der schwierigen Materialbeschaffung auf unwegsamen Wegen ihre Kirche.

Die im Jahre 2005 vierundsiebzig Jahre alte Anna Engist hat Schelingen noch so erlebt, wie es zu Beginn des 20. Jahrhunderts war. „Viel hat sich in den vergangenen einhundert Jahren nicht getan", meint die Messnerin, die ihren Dienst - stets frisch gewaschen und ordentlich angezogen - schon Jahre mit viel Freude verrichtet.

VOGTSBURG
SCHELINGEN
Mach es wie die Sonnenuhr, zähl' die heiteren Stunden nur

Ihren Mann, Maurer von Beruf, kannte sie bereits drei Jahre vor ihrer Hochzeit. Natürlich haben sie sich in der sogenannten „Eheschmiede", die der Kronenwirt in Achkarren „Grotte" nannte, kennengelernt. Sie ging fast jedes Wochenende hin, um ihrem Auserwählten nahe zu sein.

Gehen darf man wortwörtlich verstehen, denn es gab kaum ausgebaute Strassen von Schelingen in die „große weite Welt". Damals war man genötigt, in dem eine Stunde entfernten Endingen einzukaufen. Bis aber die Straßen so hergestellt waren, dass sie gut mit einem Auto befahren werden konnten, musste man einen hufeisenförmigen Umweg einschlagen, der vier Stunden in Anspruch nahm. Die täglichen Bedürfnisse wurden von Endingen beschafft. Bis heute wird die Geschichte eines jungen Mannes aus Endingen erzählt, der bei der strengen Kälte des Jahres 1859 auf dem erbärmlichen Weg von Schelingen nach Endingen den Tod fand. Er fiel in ein von Schnee überdecktes Loch und erfror. Da Schelingen sowie Oberbergen für den Straßenbau kein Geld hatten, wandte man sich vertrauensvoll an die Hohe Ständeversammlung nach Karlsruhe: „Die Hohe II. Kammer möge die großher-

zogliche Staatsregierung veranlassen, den Bau einer direkten Straße zwischen dem inneren Kaiserstuhl und Endingen bzw. der Großherzoglichen Staatseisenbahn auf die Staatskasse übernehmen zu wollen."

Der Geistliche Rat Dr. A. Futterer schrieb in der Schelinger Chronik 1977: „Trotz Empfehlung der II. Kammer stand aber das Bezirksamt Breisach der Erbauung einer Straße von Schelingen über den Katharinenberg nach Endingen ziemlich ablehnend gegenüber. 'Diese würde zwar der armen Gemeinde Schelingen und auch der Gemeinde Oberbergen einigen Nutzen bringen, jedoch einen unverhältnismäßigen Aufwand erfordern. Sie würde zwar eine schöne Aussicht, aber schon wegen der Steigung keinen erheblichen Verkehr bieten. Übrigens betreibe vor allem der praktische Arzt Lang in Endingen, der einen ärztlichen Vertrag mit Schelingen hat und dessen Vater Kaufmann ist und viel Verkehr mit den Einwohnern von Schelingen hat, diesen Plan."

Die Anträge von 1860 und 1863 mit der Bitte, für eine ordentliche Straße zu sorgen, wurden abgelehnt. Erst nach mehr als einhundert Jahren wurde 1964 der Bau einer Straße von Oberbergen durch Schelingen zum Silberbrunnen und Bahlingen gebaut. Die Landstraße gleicht aber einer viel zu engen Passstraße, auf die sich nur geübte Kurvenfahrer wagen sollten.

Der kleine Ort hat heute aber den Vorteil, dass er durch mehrere anliegende Naturschutzgebiete immer mehr gefragt ist. Er wurde ein begehrtes Ziel für Fuß- und Rad-Wanderer. Individual-

Gäste bevorzugen die Monate September und Oktober und bleiben sogar bis zu drei Wochen. Da jedoch nur 51 Betten vorhanden sind, empfiehlt sich eine frühe Anmeldung.

Schelingen wurde bei Jung und Alt auch ein Ort der Meditation. Die Zeit liegt Ihnen im wortwörtlichen Sinn zu Füßen: Eine Boden-Sonnenuhr am Ortseingang, so, wie sie die Römer aus Mosaiksteinen zusammenfügten. Hektik kennt man in Schelingen nicht mehr. Das Sprichwort „Mach es wie die Sonnenuhr, zähl' die heiteren Stunden nur" haben die Schelinger sich zu eigen gemacht und sie empfehlen es allen Gästen, die nach Schelingen pilgern.

Vergeblich wartete eine illustre Gästeschar um Mitternacht vom 11. auf 12. Juni 2005 darauf, den Schlossgespenstern zu begegnen. Nicht einmal der legendäre Lazarus von Schwendi, der Erbauer des Schlosses, ließ sich sehen, um seinem Nachfolger, der an diesem Tag Hochzeit feierte, zu gratulieren. Er holte dies in der nächsten Nacht nach, indem er mit mächtigem Donner einen Blitz vom Giebel des Schlosses bis in den Keller jagte.

Die Bevölkerung hieß den neuen Schlossherrn Andreas Neymeyer, vom Weingut Bastian in Endingen und seine frisch angetraute Gattin, Dagmar Fischer, herzlich willkommen. Wein floss in Strömen, vor allem Grauburgunder, denn diese Rebsorte soll sich mit dem Schloss Burkheim schon vor vielen Jahren vermählt haben.

Es wird angenommen, dass kein Geringerer als Lazarus von Schwendi (1522-1584) die Rebe als „Tokayer" zum ersten Mal im Schlosshof angepflanzt hat. Die Kaiserstühler Dichterin Pauline Wörner huldigte dem Schlosswein in ihrem historischen Roman „Der Winzer Schutzherr" in überschwenglichen Sätzen:

„Tokayer was vom feurigsten und besten, der fuhr wie Feuer uns durch Mark und Bein.

Man trank den heimischen Ungarwein. Das war eine Genusseswonne. Großartig schmeckte er!

Dazu war ihm eine leichte Lieblichkeit eigen, die der Tokayer nie gehabt hatte. Auch war der Kaiserstühler kein allzu tückischer Kamerad, der seine Getreuen unversehens unter den Tisch

VOGTSBURG
BURKHEIM
„Der fuhr wie Feuer uns durch Mark und Bein"

legt und sie des freien Gebrauchs ihrer Glieder beraubt.

Sogar die Frauen kosteten davon und Helenen von Raithenaus, die neugebackene Freifrau, ein dürres gelbes Persönchen, das in schwerem Brokat gekleidet war und von den Schwendischen Hausjuwelen funkelte, wurde davon ein ganz klein wenig rosiger und ein bisschen weniger schläfrig.

Der Kaiserstühler ist kein böser Wein ..."

Aber brachte Schwendi die Tokayer-Rebe tatsächlich von den Türken mit? 1565 eroberte er die ungarische Festung Tokay von den Türken. Von

diesem Feldzug soll der kaiserliche Feldoberst die Tokay-Rebe in seinem Gepäck gehabt haben, von der unser heutiger Ruländer abstammen soll. Im Elsaß wird der Ruländer oder Grauburgunder immer noch als Tokayer bezeichnet. Der Name „Tokayer" wird im Kaiserstuhl jedoch erst 1789 erwähnt.

Bald stellte man jedoch fest, dass diese Rebsorte in

Ungarn gänzlich unbekannt war. Man kannte nur die mindere Rebsorte Putschecre Tockauer. Das machte aber der Entwicklung des Grauburgunders nichts aus, wie das im dreijährigen Turnus in Endingen stattfindende internationale Grauburgunder-Symposium zeigt.

Ob wahr oder nicht, die Menschen aus Burkheim glauben daran, dass Schwendi den Tokayer erstmals anpflanzte. Das große soziale Engagement, das Schwendi der Bevölkerung entgegen brachte, war beispielhaft. Er baute beispielsweise ein Spital innerhalb der Stadtmauer. Er förderte die Zunftgründungen der Bauern, Rebleute, Fischer und der Handwerker.

Zum Wohle der Bevölkerung hatte er auch den Mut, eine Trinkordnung heraus zu bringen, an die sich die Mehrzahl der Bürger hielt.

„1. Es sind meist die Ärmsten, die in den Wirtshäusern sitzen, derweil Weib und Kinder zu Hause Hunger leiden. Dafür riskiert man eine Strafe des Turms oder der Verweisung aus der Herrschaft.

2. Wirte und Stubenknechte haben um 9 Uhr ihre Lokale zu schließen. Bei Übertretungen zahlen Wirt und Gast, je ein Pfund Rappen.

3. Die gemeinen Stuben sollen gefeit sein. Wer frevelt

Lazarus von Schwendi

112

mit Haar raufen oder Messerzucken und Schlagen, der zahlt doppelte Strafe oder wandert in den Turm.

4. Zutrinken oder Nötigung zum Trinken ist verboten, bei drei Pfund Rappen.

5. Wer sich voll trinkt, daß er auf der Straße liegen bleibt und Ärgernis gibt, zahlt zwei Pfund Rappen und wird zwei Tage bei Wasser und Brot in den Turm gelegt.

6. Die Wirte dürfen keine leichtfertigen Leute und gemeine Metzen länger als eine Nacht beherbergen und müssen sie von den ehrlichen Leuten absondern, sonst gibt es zwei Pfund Rappen als Strafe."

Die Bevölkerung schätzte Schwendi so sehr, dass sie sogar ihren „Weinheiligen" für ihn „opferten":

„Der Winzer Schutzherr heißt nicht mehr
Sankt Kilian der Fromme,
Der sorgt' nicht, daß von Ungarn her
Die edle Rebe komme.
Und wenn des Türken arge List
Und große Macht uns dräuen,
So weiß doch jeder gute Christ,
Daß wir uns das erfreuen,
Dieweil zwar nicht ein heil'ger Mann,
Den besten Wein uns geben kann:
Den Schwendi halt in Ehren,
Der tät' ihn uns bescheren!"

Obwohl Burkheim, 762 erstmals erwähnt, in früheren Zeiten eines der kleinsten Städtchen gewesen sein mag, hielt es sich einen Nachtwächter für die „Drei-Stufen-Stadt". Schon immer bestand die sympathische Stadt aus drei Stadtteilen. Die Unterstadt gehörte den Fischern, die Mittelstadt den Handwerkern und Gewerbetreibenden und die Oberstadt den Bauern und Rebleuten. An oberster Stelle thronte das Schloss, das Schwendi als Pfandschaft von Erzherzog Ferdinand 1560 erhielt und das er im Renaissancestil wieder aufbaute.

Die Souvenir-Geschäfte sind der Beweis dafür, dass „Schwendi" in der Rangliste der Burkheimer „Mitbringsel" immer noch an erster Stelle steht.

Inzwischen wurde auch ein „Schwendi-Bund" gegründet, der den einstmals in Kirchhofen verstorbenen Lazarus mit einem Preis in das Gedächtnis zurückrufen soll. Im Januar 2005 wurde die Auszeichnung an eine Journalistin der „Badischen Zeitung" verliehen.

Burkheim hat noch viele Stammtische, wo sich heute wie damals die Einheimischen mit den Fremden treffen. Da versuchen die Burkheimer den Gästen die badische Weinkunde näher zu bringen,

die ein Kölner in einem Satz zusammenfasste:

„Trink Burkheimer Wein und du spürst, wie der Schwendi die Öchsle tanzen läßt!"

Kennen Sie übrigens Jörg Wickram (*um 1505-1561)? Nein? Er schrieb 1555 ein Buch unter dem Titel „Das Rollwagen-Büchlein" und war als Stadtschreiber in Burkheim tätig. Wie mir gesagt wurde, soll er das erste Reisebuch der Welt geschrieben haben. In seinem Vorwort stellt er es wie folgt vor:

„Ein neus vor unerhörts Büchlein, darin viel guter Schwänk und Historien begriffen werden,
so man in Schiffen und auf den Rollwägen,
desgleichen in Scheerhäuseren und Badstuben,
zu langweiligen Zeiten erzellen mag, die schweren melancholischen Gemüter damit zu ermüntern,
vor aller männiglich Jungen und Alten
sunder allen Anstoß zu lesen und zu hören,
allen Kaufleuten, so die Messen hin und wieder brauchen,
zu einer Kurzweil an Tag bracht und zusammen gelesen durch Jörg Wickrammen, Stadtschreiber zu Burckhaim, Anno 1555."

Burkheimer Impressionen

Eine weitere Leseprobe:

„Von einem, der ein Fürsprechen überlistet, und hat ihn der Fürsprech das selbs gelehrt.

Einer ward vor dem Gericht um ein Sach angesprochen, deser sich wohl versach, er wurde ohn Geld nicht davonkommen. Das klagt er einem Fürsprechen oder Redner; der sprach zu ihm: 'Ich will dir zusagen, aus der Sach zu helfen und ohn allen Kosten und Schaden darvonbringen, soferne du mir willt vier Gulden zu Lohn für mein Arbeit geben.' Dieser war zufrieden und versprach ihm, die vier Gulden, soferne er ihm aus der Sach hulfe, zu geben. Also gab er ihm den Rat, wann er mit ihm vür das Gericht käme, so sollt er kein ander Antwort geben, Gott geb, was man ihn fragt oder schalt, dann das einig Wort 'Blä'. Do sie nun vür das Gericht kamen und viel auf diesen geklagt ward, kunnt man kein ander Wort aus ihm bringen dann 'Blä'. Also lachten die Herren und sagten zu seinem Fürsprechen: 'Was wöllt ihr von seinetwegen antworten?' sprach der Fürsprech: ,Ich kann nichts für ihn reden, dann er ist ein Narr und kann mich auch nichts berichten, das ich reden soll; es ist nichts mit ihm anzufahen, er soll billich

114

für ein Narren gehalten und ledig gelassen werden.' Also wurden die Herrn zu Rat und ließen ihn ledig. Darnach hiesch ihm der Fürsprech die vier Gulden. Do sprach dieser: 'Blä'. Der Fürsprech sprach: 'Du wirst mir das nit ablehen; ich will mein Geld haben.', und bot ihn vür das Gericht. Und als sie beide vor dem Gericht stunden, sagt dieser allweg: 'Blä'. Do sprachen die Herrn zum Fürsprechen: 'Was macht ihr mit dem Narren? Wißt ihr nit, daß er nit reden kann? Also mußt der Redner das Wort Blä für seine vier Gulden Lohn han und traf Untreu ihren eigen Herrn."

Wickram hinterließ ein literarisches Gesamtwerk von acht Bänden mit insgesamt 3.590 Seiten.

Wenn Sie Burkheim besuchen, dann werden Sie feststellen, dass das Erlebnisstädtchen 24 Stunden für Sie da ist, wenn Sie wollen. Die Weinfeste und Kunstmärkte, die Nachtwächter-Begehungen und die romantischen Gaststätten verschönern Ihnen die Urlaubstage.

Ein persönlicher Tipp: Besuchen Sie in Burkheim das wohl kleinste Museum der Welt, das dem Korkenzieher gewidmet ist.

Wer ist dieser Mann aus Burkheim tatsächlich? Gastronom oder Schwendi - Diplom-Ingenieur für Weinbau und Kellerwirtschaft oder Günter Kromer - Nachtwächter oder ...?

Er ist alles, doch wenn er die Wahl hätte, dann würde er wohl am liebsten Lazarus von Schwendi sein, dessen Leben er in vielen Büchern verfolgte und dem er in Kostüm und Maske erstaunlich nahe kommt. Fast täglich verwandelt sich der vielseitige Günter Kromer in den wohltätigen Schwendi, wenn er den Gästen seines selbst gebauten „Schwendi-Kellers" im Rahmen eines mittelalterlichen Programms ein Vesper serviert, mit dem Titel „Ritterzipfel". Über dem „Schwendi-Keller" in Burkheim gibt es ein nicht alltägliches Ambiente-Geschäft, das den Namen „Sterntaler" trägt. Doch seit der Jahrhundertwende 1999/2000 scheint das Schicksal der Burkheimer nicht mehr in den Sternen zu stehen, sondern vielmehr bei den Nachtwächtern.

Irgend jemand blätterte in den Geschichtsbüchern der kleinen Stadt und entdeckte dabei, dass ein Tor- und Nachtwächter in der Stadtverordnung von 1504 Erwähnung fand. Sollte man den Burkheimer Nachtwächter wieder auferstehen lassen? Keine Frage! Im September 2001 hat man ihn „ins Leben gerufen". Kromer bewarb sich als Nachtwächter und vollzog, neben zwei anderen Kollegen, den nächtlichen Dienst mit großer Freude. Viele Neugierige kamen. Die Geschäfte begannen sich zu entwickeln, vor allem in der Gastronomie. Eiligst entwarf man auch ein Markenzeichen, das einen schwarzen Mann mit Laterne und Hellebarde zeigt.

Die Winzergenossenschaft brachte sogar einen Rotwein mit dem Namen „Burkheimer Nachtwächter" heraus, „mit einem kräftigen Rubinrot sowie vielen dunklen Reflexen" (WG), dessen Etikett ebenfalls den „Schwarzen Mann" präsentiert. Der Erfolg: Tausende von Urlaubern lassen sich durch die mit Kerzenlaternen beleuchteten Gässchen der Altstadt führen.

Man darf aber nicht glauben, dass Nachtwächter und Nachtwächter das gleiche ist. Als richtiger Nachtwächter muss man von der Europäischen Nachtwächter- und Türmerzunft, der zehn Länder angehören, anerkannt sein. Im Jahr 2004 nahmen Kromer und seine Kollegen am Treffen in Ripon/England teil, bei dem man den Burkheimer Nachtwächtern herzlich zuprostete. Wenn das Lazarus von Schwendi wüsste!

DER NACHTWÄCHTER

Ich fühle mich in meine Kindertage zurückversetzt: Eine geheimnisvolle Burg, fast schon Ruine. Ein halb verfallener Turm, der über eine Treppe noch zu besteigen ist. Ein verwunschener Park mit altem Baumbestand und einem geheimnisvollen Grab.

Burg Sponeck - Traum oder Wirklichkeit?

Es ist wieder einmal der 1. Mai. Menschenmassen pilgern zur Burg, wie immer an diesem Feiertag sowie am Tag des Denkmals, denn die Besitzer haben die Pforten zur Besichtigung geöffnet. Wenn Sie sich einer Führung anschließen, erfahren Sie, dass

diese verwunschene Burg einmal dem Maler Prof. Hans Adolf Bühler gehörte, die er 1917 erwarb. Das Honorar, das er für sein Gemälde „Prometheus" von der Universität zu Freiburg erhielt, reichte für den Kauf gerade aus.

Prof. Hans Adolf Bühler gehörte jahrzehntelang zu den bekanntesten Künstlern Deutschlands. Er malte im Stil von Hans Thoma, Anselm Feuerbach und eines Arnold Böcklin. Zu seinen berühmtesten Bildern zählen „Altbreisach", das er 1912 schuf, und „Hans Thoma" als Gralshüter der Kunst. Bühler war Meisterschüler von Hans

Thoma und wurde später, 1899, sein Nachfolger in der Kunstgalerie Karlsruhe.

Dieter Kohlhepp und Walter Vetter schreiben in ihrem Buch „Kaiserstuhl" (Rombach-Verlag): „Die Kunst des 20. Jahrhunderts vertritt der Maler Hans-Adolf Bühler, der in sehr eigenwilliger Manier - zwischen Jugendstil und dem klassizistischen Romantizismus einzuordnen - Werke von eigentümlicher Kraft und stimmungsvollem Reiz schuf. Seine Themen vom Kaiserstuhl, den Rheinauewäldern und dem Rheinstrom haben die Zeitgenossen sehr beeindruckt und heute scheint ein

BURG SPONECK

Traum oder Wirklichkeit

neues Verständnis für die Malweise Bühlers aufzukommen."

Die Charakteristik seines Malstils sieht man auf halb fertigen oder halb verkommenen Gemälden, die sich im Burgturm befinden. Ein „Kindertotentanz", das Portrait eines Markgrafen von Baden, Skizzen zu Wandmalereien...

Auf der teilweise geländerlosen Treppe des Turmes geht es in ein geheimnisvolles Reich. Hell und Dunkel wechseln sich ab, je nach der Lage der Turmfenster. Durch einige Fensterluken zwängt sich eine Art Efeu. Es ist eine

Wildrebe (Vins Sylvestrik), die es bereits seit 6 Millionen Jahren im Land gibt, heute allerdings nur noch auf der Sponeck. Weiter geht es auf der steilen Treppe, vorbei an der kleinen Schlafkammer des Künstlers, hinauf zur oberen Plattform, auf der sich das ehemalige Atelier befindet.

„Nirgendwo am Kaiserstuhl", so erfahren die neugierigen Besucher vom Gästebegleiter, „findet man die Geschichte dieser Vulkaninsel so zusammengedrängt wie hier. Es ist eines der interessantesten frühgeschichtlichen Siedlungsgebiete Süddeutschlands. Alle Völkergruppen, die den Kaiserstuhl erobern wollten, trafen hier aufeinander. Schon 365 n. Ch. soll in diesem Bereich ein kleines Kastell errichtet worden sein.

Der erste Lehnsherr auf der Burg war Hildebrant Spenlin aus Breisach. Das Wort Spenlin bedeutet (Hobel-) Spänchen. Im alemannischen Sprachgebrauch heißt Spenlin: Spämle. Ohne die Verkleinerung ist Span = Spon. Die Burg wird urkundlich erwähnt als Spenlins Eck, Span-Egge oder der Sponeck.

Die Zähringer verkauften die Burg und das Rhein-Fährrecht 1333 an das Haus Württemberg. Die Herzöge von Württemberg brauchten die Fähre, um in ihre elsässischen Besitzungen (das heutige Montbeliard, das im 18. Jh. in französischen Besitz überging) zu kommen. In der Reformation gehörten die Herzöge von Württemberg zum Schmalkaldischen Bund, dem Zusammenschluß der deutschen protestantischen Fürsten, die bei dem deutschen Kaiser in Ungnade fielen und eingekerkert wurden. Die Burg verfiel, das Hofgut war jedoch immer von Pächtern bewirtschaftet. 1791 wurde ein Schankhaus eingerichtet. Es erhielt als Asyl von Ausschweifungen einen schlechten Ruf. Kein Geringerer als Johann Wickram, der Bruder von Jörg Wickram, Verfasser des 'Rollwagenbüchleins', beschrieb in einem Brief an den damaligen Herzog von Württemberg die ärmlichen Zustände: 'kein Tisch, kein Bänk, nur ein Glöcklein'. Die Gebäude waren also noch in Ordnung. Im Dreißigjährigen Krieg verfiel die Burg weiter, ohne geschleift worden zu sein. Sie diente den schwedischen Truppen unter Gustav Adolf als Winterquartier 1632/33 vor der Belagerung von Breisach.

1695 heiratete Herzog Leopold Eberhard von Württemberg Anna Sabina von Hedewiger, die Schwester des Württembergischen Regierungspräsidenten, und schenkte ihr die Burg Sponeck. 1701 wurde Anna Sabina in den erblichen Reichsgrafenstand erhoben. Ihre Nachkommen sind die Grafen von Sponeck, die heute über den ganzen Globus verteilt leben und im Jahre 2001 in Jechtingen und auf der Burg das 300-jährige Bestehen ihres Geschlechts gefeiert haben."

Von einem kleinen Balkon des Ateliers hat man einen herrlichen Blick über die Rheinauen. Hier stand 1938 auch Adolf Hitler als er die Bauarbeiten des Westwalls begutachtete, und dem Maler Bühler einen Besuch abstattete.

Die nächste Besuchergruppe wartet schon am Fuße des Turmes und man muss schneller den Aussichtsplatz räumen, als man es möchte. Unten wieder angekommen reizt der parkähnliche Garten zur Eroberung. Überreste von römischen Bauten sind zu bestaunen und ein verstecktes von vielen Sträuchern geschütztes Grab. Hier ruht Prof. Hans Adolf Bühler...

Halb verkommenes Gemälde „Kindertotentanz" (Ausschnitt) von Prof. Hans Adolf Bühler

SASBACH, JECHTINGEN UND LEISELHEIM

Drei Orte mit viel Sonnenschein

Nach dem Krieg, 1945, gab es doch tatsächlich Überlegungen, ob man die Postanschrift „Sasbach am Rhein" oder „Sasbach am Kaiserstuhl" wählen sollte.

Obwohl Sasbach von jeher ein Fischerdorf war, lag den Sasbachern der Kaiserstuhl näher als der Rhein.

Der große Fluss hatte in den vorausgegangenen Jahrzehnten eine zu große politische Rolle gespielt. Die trennende Linie beeinflusste das Leben der Dorfbewohner negativ. „Lieber in die Reben gehen, als vergiftete Fische angeln." Es brauchte viel Überredungskunst die Elsässer und die Badener wieder an einen Tisch zusammenzuführen.

Nach „unüberbrückbaren Konflikten" war es damals nicht möglich eine Brücke zu schlagen.

Frankreich und Deutschland entwickelten sich auseinander. „Über sieben Brücken musst du gehen ...." das konnte lange dauern.

Zunächst gab es eine Ponton-Brücke, die im Verlauf der Zeit durch eine moderne Betonbrücke ersetzt wurde.

Im Jahre 2002 wurde das erste Brückenfest zwischen dem französischen Marckolsheim und dem deutschen Sasbach gefeiert.

„Am stärksten ist wohl das Symbol der Brücke, wo wir nach 'unüberbrückbaren' Konflikten den Weg zueinander finden, wo Völker nach den Kriegen ein neues Verhältnis zueinander beginnen. Die Europabewegung begann an einer Rheinbrücke, über die die französische und deutsche Jugend aufeinander zukam, Fahnen und Arme schwenkte und die gemeinsame Zukunft beschwor. Das vereinte Europa ist eine Folge von Brückenschlägen im buchstäblichen und im übertragenen Sinne. Adenauer und Schuman, de Gasperi und de Gaulle sind die Brückenbauer, die man dereinst als die Baumeister Europas bezeichnen wird.", schrieb Prof. Dr. Ulrich Beer.

Eine reizvolle Brücke schlug 2004/2005 die Badische Weinkönigin Sabine Langenbacher, die in Sasbach ihr Zuhause hat und wegen ihres strahlenden Wesens von den Einheimischen den Übernamen „Sonnenkönigin" erhielt. Sie verstand es, mit Geist und Klugheit, mit Charme und Sachverstand, aus ehemaligen Feinden Freunde zu machen. „Es müssen nicht immer sieben Brücken sein...", meinte Bürgermeister Jürgen Scheiding.

Sasbach, das mit Leiselheim und Jechtingen eine Einheit bildet, hat die älteste Siedlungstradition am Kaiserstuhl, was alte Gräberfelder von 4100 - 3300 v. Ch. beweisen. Der Ursprung Sasbachs wird nach urkundlichen Nachweisen offiziell auf das Jahr 839 festgelegt.

SASBACH
Über sieben Brücken musst du gehen ...

190 m Tiefe fehlen dem flotten Schiff zum Meeresspiegel, dann könnte es schwimmen. Stolz und mächtig streckt sich das Haus aus den traditionellen Neubauten in die Höhe. Nicht hochmütig, obwohl es die Nase vorn hat und in Jechtingen wohl kein vergleichbarer Bau zu finden ist. Er entstand aus Christian Göberts Träumen - einem Architekt natürlich!

Ein Haus in Niedrigenergie-Bauweise. Setzt man den Fuß über die Schwelle, dann fühlt man es: Wohl temperierte Fluchten, atmosphärische Zimmer, ein transparentes Treppenhaus, dem sonnenverwöhnten Himmel entgegen strebend, „eine gläserne Fuge, als Schnittstelle zwischen Privatsphäre und Öffentlichkeit, Architektur und Weinberg-Landschaft durchdringen sich hier", so sehen die Bewohner ihr Haus. Glasfronten statt Hausmauern. Schaufenster der Seele, wo es kein Drinnen und Draußen gibt. Man öffnet sich langsam dem Ganz-Sein. Drinnen und Draußen wird zu ein- und demselben. Schaffen nicht unsere Gedanken die Mauern? Jechtingens großer Dichterphantast, Emil Gött, der die Utopie der Häuser voraussah, hält hier glorreiche Wiederauferstehung.

Ambiente Christian und Martina Göbert

"Ich weiß nun, an welchem Geschäfte sie sich beteiligt haben, und könnte in die Lage kommen, etwas selbst mit einzuschießen. Kein Geld aber eine Sache: Ich bin seit einigen Wochen im Begriff, die Frage zu studieren, ob es nicht möglich ist, Drahtpapier herzustellen, und zwar zunächst für meine Zwecke, durchsichtiges (Pergamin) stark geöltes oder durch andere geeignete Mittel wetterbeständig gemacht: nämlich um ein ganz leicht und billiges Frühbeetfenster herzustellen (das sich schon lohnen würde, wenn es nur zum Schutz empfindlicher, offener Kulturen gegen die Nachtfröste herangezogen würde. Auch als Windschutzfenster etwas gegen Windbruch gesichert für Gartenhäuser und andere primitive Bauten; als Doppelfenster durch Wärmehaltung vorzüglich. Legen Sie sichs

SASBACH
JECHTINGEN
*Dem Auge
der Frau begegnen*

mal über!). Es könnte geradezu ein enormes Geschäft damit gemacht werden. Ich mache Ihnen strengste Geheimhaltung zur Pflicht. Das ist übrigens nicht die große Sache, die ich zur Zeit betreibe, allenfalls eine Locke daran.

.... Drahtpapier - ein Netz aus feinem (Blumen-)Draht, bei der Herstellung in die Papiermasse gebettet, würde gegen leichte und große

Rißbildung schützen und durch Überkleben mit solchem leicht flickbar sein. Ich bereite bis Samstag morgen Anmeldung zum Patente vor. Wenn Sie Geld schicken, reißt es sofort ab - dahin wo die Verrückten sind."

Dieser Auszug stammt aus einem Brief von Emil Gött, den er seinem Nachbarn, dem Fabrikdirektor Oskar Tröscher, am 4. Dezember 1907 schrieb. Emil Gött, der verkannte und „verrückte" Dichter, sah aber nicht nur das „Drahtpapier" voraus. Er schrieb vor einhundert Jahren über Fertighäuser aus Gipsplatten, über Baumwollersatz, über ... Breisach, wie man daraus eine große Industrie- und Hafenstadt machen könnte.

Er wollte auch als Poet berühmt werden, aber Emil Gött (1864-1908) kennt kaum jemand mehr. Von

Sasbach

denen, die Emil Gött auch heute noch interessant finden, wird dankbar aufgenommen, dass es ein Emil-Gött-Stüble im Ortschaftsamt gibt und sogar eine Emil-Gött-Gesellschaft, die 1958 in seinem Geburtsort gegründet wurde. Im Jahre 2005 hatte die Gött-Gesellschaft 87 Mitglieder. Die Schule und ein Brunnen gegenüber seines Geburtshauses tragen seinen Namen.

Leider gingen seine drei geheimen Wünsche nicht in Erfüllung:

„Drei Dinge will ich erleben, einen Fleck der mütterlichen Erde auf das menschensinnig Schönste bebau-

en; ein vollendetes geistiges Kunstwerk schaffen, stark, tief und schön, und dann dem Auge der Frau begegnen, die beides versteht und mich um beides ehrt und liebt, und sich in mir sieht und darum mit Notwendigkeit die meine ist.“

Er tröstete sich mit seinen eigenen Worten:
„Über allen Wolken bist du o Sonne!
Über aller Nacht ist Licht.
Über all dem dunklen Weh der Welt
schwebt der Feuerball der Wonne
Erhebe Dich Mensch
und verzage nicht!“

Wenn er durch Leiselheim geht, grüßt ihn jeder. Er ist so etwas wie ein nicht gewählter Präsident, ein guter Geist, ein Prinz aus einer anderen Welt. Ohne Michael Phyrr wäre der Ort nur halb so interessant. Alle Dorfbewohner kennen seine Geschichte.

1225 kam seine Familie von Wien über Rheinfelden nach Freiburg, wo sie vom Weinbau und als vornehme Patrizierfamilie lebten. In den Jahrzehnten, in denen einige badische Städte und Gemeinden zu Vorderösterreich gehörten, wurde die Familie durch Kaiserin Maria Theresia mit hohen Regierungsämtern betraut.

Michael Phyrr ist stolz auf seine Vorfahren, deren Vermögen immer in Verbindung mit Landwirtschaft und Reben stand. So war es auch möglich, in Freiburg ein gastfreundliches Haus zu führen.

Die Tradition des Jagens führt auch Michael Pyhrr weiter. So entschloss man sich eines Tages im ehemaligen „Armenhaus Deutschlands", im Kaiserstuhl zu jagen. Viele Jahre diente der Familie Pyhrr die heutige Winzergenossenschaft Königschaffhausen mit ihrem damaligen großen Obstgarten als Land- und Jagdsitz im Kaiserstuhl. Michael Pyhrr ist begeistert von dieser Landschaft, die er hier nicht vermutete, von den Menschen, die ihn empfingen, als wäre es sein Zuhause. Irgendwann einmal würde er hier leben wollen. Und so kam es auch.

In Leiselheim pachtete er das ehemalige Pfarrhaus mit Nebengebäude, Herrenhaus, Stallungen und Scheune und renovierte es liebevoll. Nach der Fertigstellung zog er von Freiburg in den Kaiserstuhl, allerdings ohne seine charmante Gattin. Sie wollte von der „Dorf Idee" nichts wissen. Zwei Tage später war sie bei ihm. Leiselheim gefiel ihr so gut, dass sie sich vorgenommen hat, erst dann auszuziehen, wenn man sie in die „Schwarze Kiste" legen wird.

Seitdem die Familie Pyhrr im Kaiserstuhl ist, hat sich ihr Leben verändert. Ihr „Wohlfühlen" geben sie in vielerlei Formen an ihre Mitmenschen weiter.

Da richten sie ein Café ein, dort eine Weinstube, in der regelmäßig Ausstellungen mit Werken regionaler Künstler durchgeführt werden. Pyhrr beteiligt sich an zahlreichen Dorfverschönerungsmaßnahmen und gibt viele Impulse, um die Authentizität dieser Landschaft zu bewahren.

Er arrangiert Konzerte und engagiert sich in zahlreichen Projekten um den Naturgarten Kaiserstuhl zahlreichen

Menschen bekannt zu machen.

Die Pyhrrs, wissen ihr Leben zu genießen und helfen dort, wo es nötig ist.

DER GUTE GEIST

Ausgerechnet das kleine Kaiserstuhl-Dorf mit 400 Einwohnern soll für die Namensgebung dieser Region verantwortlich sein.

„Die früheste zeitlich gesicherte Erwähnung Leiselheims geschah im Jahre 1155, obwohl durch Funde aus der Band- und Schnurkeramik bewiesen wurde, dass Ansiedlungen viel früher erfolgten." So beginnt der Dorf-Chronist zu erzählen. Für ihn, Gerhard Schächtele, ist es jedesmal eine Freude, Leiselheims Gäste mit der ungewöhnlichen Geschichte dieses Ortes vertraut zu machen. „Man glaubt", so beginnt er meistens seine Dorfbegehung, „dass am 22. Dezember 994 der Deutsche König, Otto III., im Alter von 14 Jahren ein Fürstengericht im Sasbacher Bereich einberufen hat und zwar dort, wo man den schönsten Blick auf die Rheinebene hat, von der Reblage des inzwischen weithin bekannten „Leiselheimer Gestühls". Aber Gerhard Schächtele ist realistisch genug, um Legenden, Vermutungen, Erfindungen richtig einzuordnen. Fest steht, dass an diesem Tag Otto III. - später war er Deutscher Kaiser - in Sasbach zwei Urkunden unterschrieb. Warum soll er die Unterschriften in Leiselheim und nicht in Sasbach gegeben haben? Diejenigen,

die es bis zum heutigen Tag gerne gesehen hätten, dass die Unterschriften in der Gemarkung Leiselheim erfolgt wären, schließen sich der Auslegung von Helmut Naumann an, der im „Alemannischen Jahrbuch" 1962/63 meinte, dass damals das Ergebnis eines förmlichen Gerichtsbeschlusses vorliegen mußte und da ein Gericht in jener Zeit meist unter freiem Himmel tagte, ist es auch hier der Fall gewesen. Als Ort der Handlung kommt in der näheren Umgebung von Sasbach nur der nächstgelegene Gerichtsplatz in Frage, eben der Bergrücken mit dem Namen „Gestühl", das heißt, dort muß, so ist ein Teil der Historiker der festen Überzeugung, an jenem Tag ein „Fürstengericht" stattgefunden haben. Dass in den Urkunden als Unterzeichnungsort Sasbach angeben ist, hat „keine Bedeutung", denn Otto III. war nur im dortigen Königshof abgestiegen.

Aber Gegner dieser Auslegung schließen sich wiederum der Meinung von Anneliese Müller an, die 1988 schrieb: „Viel Zeit für längere Beratungen hatte Otto an diesem Tag nicht, da er nachweislich Weihnachten in Erstein (Elsaß) verbringen wollte. Gegen eine längere Gerichtssitzung im Freien spricht auch die Jahreszeit.

SASBACH
LEISELHEIM
Ein kleines Dorf mit einundsechzig Namen

Eine Beurkundung auf Leiselheimer Boden hätte aber sicherlich nicht Sasbach als Ort der Handlung angegeben. So verlockend es auch sein mag, das Datum 22. Dezember 994 mit Leiselheim in Verbindung zu bringen, halten die heutigen Historiker eher für unrealistisch. Sie sind der Meinung, dass die Unterzeichnung der beiden Urkunden ohne große Zeremonie auf der Durchreise im Sasbacher Königshof stattfand. Es ist deshalb auch ziemlich unwahrscheinlich, dass der Name Kaiserstuhl auf jenes Ereignis zurückzuführen ist."

Ausgleichend meint Gerhard Schächtele in seiner „Leiselheimer Chronik" von 1999 u.a.:

„... Mit der Zeit verlor der Gerichtsplatz auf dem Gestühl an Bedeutung. Sein Name wurde für den neuen

Gerichtsplatz auf dem Neunlindenbuck ('Bei der neuen Linde') übernommen. Dies muß in der Zeit geschehen sein, als in unserer Region ein weiteres 'Fürstengericht' stattfand: Am 23. August 1275 stellte König Rudolf der IV. von Habsburg in Breisach eine Urkunde aus, in der die Privilegien für das Kloster Waldkirch von 994 bestätigt wurden. Dieses Auftreten Rudolfs mit großem Gefolge ließ dann den Namen auf einen höheren und bedeutenderen Berg wandern. Wann, wie und warum

er dann schließlich auf das ganze Gebirge überging, ist nicht geklärt, die Umwandlung von 'König' zu 'Kaiser' auch nur vermutungsweise."

Diese Namensänderungen kamen nach 1300 bei mehreren Ortsnamen vor (so wurde z.B. aus Königslautern Kaiserslautern). Ähnlich scheint es dann auch hier gewesen zu sein. Der Name Kaiserstuhl taucht 1304 zum ersten Mal in einer Freiburger Urkunde auf ('ultra montem, qui dicitur Keiserstul') und zwar auf die gesamte Hügellandschaft bezogen. Die ursprüngliche

Herkunft des Namens war vermutlich weitgehend in Vergessenheit geraten, obwohl das Gestühl noch 1379 als Gerichtsplatz bezeichnet wird.

... Eines scheint festzustehen: Die Deutung der Namen Kaiserstuhl und Gestühl ist nicht so klar und einfach, wie es manchmal dargestellt wird. Ziemlich einig sind sich die Forscher jedoch darin, dass es sich beim Gestühl bei Leiselheim um den 'Urkaiserstuhl' handeln muß und dass der Name, den die Region seit fast 700 Jahren trägt, vom

Leiselheimer Hausberg abgeleitet ist."

Seit der ersten Erwähnung des Ortes gibt es 61 Varianten des Namens Leiselheim: Luicel, Lussel, Lussen, Lußel, Leißel, ... Erst nach dem Dreißigjährigen Krieg schrieb man konstant Leiselheim. Am schönsten jedoch ist der Name „Lisele", wie die Einheimischen ihr Dorf nennen und man denkt dabei an die Sage, die beinhaltet, dass sich die Ansiedlung ursprünglich weiter südlich, in der Talmulde am Burkheimer Weg, befunden haben soll. Aber die Pest raffte alle Einwohner hinweg, bis auf ein Mädchen, dass „Lisel" genannt wurde. Sie verließ das ausgestorbene Dorf und zimmerte sich eine Hütte zwischen Hüttenbühl und Hohberg zusammen. An dieser Stelle entstand das Dorf Leiselheim, in dem man auch in schlechten Zeiten markante Begebenheiten in ein Fest umzusetzen verstand.

So wurde am 14. September 1784 protokolliert, dass „die Badische Frau Erbprinzessin Hochfürstliche Durchlaucht den 11. dieses Monats mit einem gesunden Prinzen glücklich entbunden worden war, die hiesige Gemeinde wurde in die größte und lebhafteste Freude versetzt." Das Fest feierte man auf Kosten der Gemeinde, da die Dorfbewohner arme Leute

waren. Der Polizei schien dies aber mit der Zeit zu viel zu werden, denn im Jahre 1854 erließ sie eine Verordnung, in der es u. a. hieß, dass „das Jubeln und Singen mit unbefugtem Geschrei, sei es Tag oder Nacht, in den Wirtshäusern oder auf den Straßen mit 1 fl 30 kr (1 Florin und 30 Kreuzer) Strafe oder 24 Stunden Arrest belegt wird." Aber das Feiern ließen sich die Leiselheimer nicht verbieten.

Vierzig Jahre später feierten die Leiselheimer, 1898, Kaisers Geburtstag. Der Bäcker wurde von der Gemeinde beauftragt, auf ihre Kosten Wecken an die Schulkinder zu verteilen. Im Jahre 1902 konnte man am 27. April ein Feuerwerk „zum 50-jährigen Jubiläum seiner Königlichen Hoheit, Großherzog Friedrich von Baden" bestaunen und zur „türkischen Musik" von Kiechlinsbergen tanzen. Die Hauptkosten dafür übernahm der Pfarrer, einen kleinen Anteil die Gemeinde.

In den Gasthäusern fanden meistens an Sonntagen Tanzveranstaltungen statt. Wer „Wirtshaus-Verbot" hatte, fand seinen Namen auf einem Zettel an der Tür.

In der gemeindeeigenen „Stube" ging es eher gemütlich zu. Hier trafen sich die Einheimischen, hier übernachteten die Fremden, hier versammelte sich der Ge-

meinderat, denn ein Rathaus gab es damals noch nicht. Es wurde erst 1802 erbaut.

Kam es vor, dass es überhaupt nichts mehr zu feiern gab, so erfand man Feste oder es wurden Vereine gegründet, bei deren Gründungsfeier auch getanzt wurde. 1864 entstand der Männergesangsverein, 1921 war die Gründung eines Fußballvereins, 1935 erfolgte die Gründung einer Blasmusikkapelle, 1948 die Neugründung des Gesangsvereines, 1952 die Gründung der Winzergenossenschaft, 1960 die Eröffnung eines neuen Gasthauses mit Kegelbahn, 1965 Bau des neuen Schulhauses, 1969 Gründung des Landfrauenvereines, der 1976 das erste Zwiebelkuchenfest organisierte, das bis zum heutigen Tag eine der beliebtesten Veranstaltungen des Kaiserstuhles ist.

Seit 2002 hat Leiselheim mit dem „Brunnenstüble" wieder so etwas wie eine „Stube", in der man sich abendlich trifft und in der auch so manche Ausstellung von Kaiserstühler Künstlern stattfindet.

Im Jahre 2005 feierte man im Mai ein dreitägiges Fest zum 850-jährigen Geburtstag von Leiselheim, zu dem 4.500 Personen kamen.

Gefeiert wurde auch Carl Friedrich Meerwein, nach dem die Hauptstraße benannt wurde. Der Leiselheimer Pfarrerssohn kam am 2. August 1737 zur Welt. Er studierte nicht Theologie, wie seine Eltern es wollten, sondern widmete sich der „Civelbaukunst". Schließlich trat Meerwein in die Dienste der Markgrafschaft von Baden, wo ihm das gesamte Bauwesen im Oberland unterstand.

Bekannt wurde Meerwein jedoch durch seine „Fliegerei". Er entwickelte einen Flugapparat, mit dem er 1784 von einem kleinen Hügel in einen vorbereiteten Misthaufen flog. Aber er bewies, dass der Mensch mit den notwendigen Vorrichtungen fliegen konnte! Den Brüdern Lilienthal gelang erst 100 Jahre später ein Flugversuch in Berlin. Zum 850-Jahrestag von Leiselheim konnte man sogar Meerweins Flugmodell bestaunen.

Wenn Sie in das interessante Dorf kommen und aus der Kirche dringt Orgelmusik, dann treten Sie unbesorgt ein. Der Organist läßt sich nicht stören. Er ist geradezu verliebt in seine Orgel, die 1789 von dem Baden-Durlacher Hoforgelbauer Georg Marcus Stein erstellt wurde. Sie zählt zu den bedeutendsten historischen Instrumenten der Region. Der Organist ist kein Geringerer als Gerhard Schächtele.

Neuerdings führt der Dorf-Chronist, Gerhard Schächtele, seine Gäste auch zu dem Hügel, der ausschlaggebend für die Namensgebung „Kaiserstuhl" gewesen sein soll. Im März 2005 setzte man an diesem Platz schweres Eisen in Betonfundamente, die zur Jubiläumsfeier einem riesigen Thron Halt verliehen. „Wir können der Lüge kein Denkmal setzen", meinten einige Regional-Politiker. Um allen gerecht zu werden, genehmigte das Regierungspräsidium nur einen unauffälligen Stuhl, für die Höchstdauer von drei Jahren.

Auf den Etiketten der Leiselheimer Weinflaschen und auf den gefragten Jubiläumsgläsern ist jedoch ein Thron abgebildet, auf dem eine Krone liegt ...

Gerhard Schächtele

Ein Hüne von einem Mann. Er steht auf dem Treppenvorsprung seines Hauses in Leiselheim, für das er einen Schuhlöffel gebrauchen könnte, um einzusteigen. Seine tiefe Stimme begrüßt mich wie das Donnerwetter des lieben Gottes, denn ich komme fünf Minuten zu spät.

Für die jetzige Ausübung seines Berufes belegte er alle nur denkbaren Lehrgänge und Studienkurse, bis er eine eigene Baumschule eröffnen konnte. Nicht irgendeine Baumschule, sondern die der Hybriden.

Jetzt wird es Ihnen vielleicht genauso ergehen wie mir.

Was sind Hybriden? Züchtungen von Außerirdischen?

Es sind Walnussbäume, die am Kaiserstuhl und im Schwarzwald bis auf 700 Meter gedeihen. Kein anderer kann sie in Europa und darüber hinaus besser veredeln als Anton Schott, der Land auf, Land ab als Nusspapst einen überirdisch guten Ruf besitzt. Aus der ganzen Welt kommen sie angepilgert und holen sich bei ihm Rat und Rezepte für den eigenen Walnussbaum. Viele reisen mit Containern an, um Mutterbäume für ihre Hybridenzucht mitzunehmen.

Im Brustton der Überzeugung sagt er: „Ich bin heute einer der wenigen, die das Walnussveredeln beherr-

schen." Mit Recht kann Anton Schott stolz sein auf seine Hybriden. Sie wachsen als Edelholzbäume empor, die astlos in sechzig bis achtzig Jahren hiebreif sind, während Eichen erst im Alter von 250 Jahren gefällt werden können. Die Kreuzung zwischen Schwarznuss und Walnuss füllt eine Lücke bei der Gewinnung von Edelhölzern, die weltweit rückgängig ist.

Anton Schott übertreibt nicht, wenn es sagt, dass er 80% aller wertvollen Nussbäume in Deutschland persönlich kennt. Der älteste dieser Art ist 96 Jahre alt, steht in Groß-Gerau erreicht eine Höhe von 34 Metern, hat eine astfreie Länge von 17,8 Metern und einen Durchmesser von 1,01 Meter. Er wächst jährlich um 1 cm.

Doch seine wertvolle Arbeit wird von Jahr zu Jahr schwieriger, denn Schädlinge stören das Wachstum - die Maikäfer. Rechtzeitig warnte er die Behörden vor einer Maikäferplage am Kaiserstuhl. Aber „die Oberen ignorierten mich und viel zu spät akzeptierten sie mich und heute schikanieren sie mich", sagt er mit nassen Augen. Von 15 Jungpflanzen der Hybriden-Nussbäume wurden durch die Maikäferplage 13 weggefressen. Jetzt will er gegen die „Unvernunft" der Behörden vorgehen, denn das Leben der

Nussbäume ist wertvoller als das der Maikäfer.

Ich frage ihn, warum er diesen großartigen Erfolg bei der Veredelung und Züchtung von Walnussbäumen hat: „Ich spreche mit den Pflanzen, mit den Bäumen. Sie spüren, ob ich es gut meine oder nicht."

„Und was sprechen sie mit ihnen beispielsweise?"

„Du willst doch ein schöner Baum werden, groß und stark, wie deine Brüder. Du musst jetzt wachsen, sonst ist der Teufel los!"

Zum Abschluss führt er mich in seine ca. 5.000 Bäume umfassende Anpflanzung von Hybriden. Mir ist, als würden sich alle Bäume verneigen.

DER NUSSPAPST

DIE DREI VON ENDINGEN

Endingen Kiechlinsbergen,
Endingen Königschaffhausen,
Endingen Amoltern

Auch Kiechlinsbergen wurde von der Gemeindereform nicht verschont. Viele freuten sich sogar darüber, denn endlich wurde ihr Dorf von der Behauptung, es läge „am Ende der Welt", durch den damaligen Regierungspräsidenten Dichtel befreit. Er durchschnitt ein Band, dass die frisch erbaute Straße nach Oberbergen freigab. Kiechlinsbergen wurde „globalisiert". Der Aufstieg eines armen Dorfes begann. Kleine Industrieansiedlungen kamen in der Zeit des „Wirtschaftswunders". „Der Ort war fast nicht mehr zu erkennen, so hatte er sich zu seinem Vorteil verändert", schrieb Wilhelm Schifferdecker in seiner Dorfchronik. Der erst später zu erkennende Nachteil war, dass man schwere Bausünden beging, ja selbst eines der schönsten Fachwerkhäuser des Kaiserstuhls zu Gunsten der Winzergenossenschaft abriss. Carola Mutschler, die Vorsitzende des Heimatvereines, erinnert sich heute noch an den Wandspruch des Hauses:

„Der Erde Güter, Gott sind dein,

nie soll mein Auge neidisch sein.

Auch dieses Haus, wer kann's verstehn

nie andrer Glück mit Mißgunst sehn."

Dem Fortschritt standen die Bergemer, wie die Kiechlinsberger genannt werden, nie entgegen. Erinnert sei an das Jahr 1525, wo sich hier der Bauernaufstand am Kaiserstuhl formierte.

Wenn Sie ihr Weg durch Kiechlinsbergen führt, sollten Sie auf alle Fälle den Keller in „Dutters Stube", früher „Herberge Bauernfreiheit", besuchen. Dort hatten sich die unzufriedenen Bauern zusammengerottet und dagegen protestiert, dass sie den „hochwohllöblichen Herrschaften" zuviel Steuern zu bezahlen hätten: Dem Grundherren, dem Leibherren, dem Vogt, dem Patronatsherren, und dem Landesherren. Die Aufständischen wollten nur noch an den Kaiser und an den Papst bezahlen. Zu ihrem Symbol machten sie den „Bundschuh", den Schuh der Bauern, den sie auf ihre Fahnen malten. Hans Ziller war ihr Anführer.

Einige Häuser trotzten wie durch ein Wunder den verschiedenen Kriegen bis 1945. So auch das „Fränkische Haus" von 1544, in unmittelbarer Nähe der Stube.

Hier begegnet uns die mitteldeutsche oder fränkische Hofbauweise. Parallel zum Wohnhaus stellt sich ein wesentlich kleineres Gebäude giebelseitig zur Straße und

flankiert so die Hofeinfahrt von der anderen Seite. Es ist ein als Holz- und Geräteremise dienender Schopf. Zwischen Schopf und Wohnhaus fügen sich die beiden von Rundbogen überwölbten Tore als Abschluß gegen die Straßenfront ein: ein hohes Tor für die Wageneinfahrt und ein kleineres, im Elsass 'Läuferle' genannt, für die Fußgänger. Die Torbogen sind aus buntem Sandstein gefertigt. Der rechteckige Hofraum, auf dem sich einmal auch die Dungstätte befand, wird nach hinten durch Stallungen und Scheune abgeschlossen.

Wenn Sie mehr geschichtlichen Hintergrund zu Kiechlinsbergen erfahren möchten, so ist es geradezu eine Pflicht, das im alten Feuerwehrhaus eingerichtete Heimatmuseum zu besuchen, das in vorbildlicher Weise von Carola Mutschler gegründet wurde und geleitet wird.

Eine aktuelle Dorfgeschichte schrieb auch Pfarrer Anton Weber unter dem Titel: „Der kleine Wegweiser durch die Vergangenheit des Dorfes und seine historischen Örtlichkeiten."

Als eine historische Besonderheit kann man das heute leider zweigeteilte Schloss bezeichnen, das 1776 bis 1778 als Tennenbacher Propstei erbaut wurde. Man

ENDINGEN
KIECHLINS-
BERGEN
*...liegt nicht mehr am
Ende der Welt*

Karl Wolfskehl

Josef Köllhofer

teilte es im Zuge der Säkularisierung zunächst als Pfarrhaus, das bis 1961 in dieser Funktion erhalten blieb, und Domänenamt auf. Dieses Amt löste man 1840 auf und eine Gebäudehälfte musste verkauft werden.

Diesen Teil erwarb später der in Fachkreisen geschätzte Dichter Karl Wolfskehl, der am 17.9.1869 in eine angesehene jüdische Bankiers-Familie hineingeboren wurde.

Karl Wolfskehl studierte Germanistik und wurde kein Schriftsteller, kein Autor, sondern im wahrsten Sinne des Wortes „Dichter". „Er fühlte sich als Dichter der Deutschen, der selbst diesen oftmals zu deutsch war", schrieb ich über ihn. Doch in diesem Punkt verteidigt ihn sein Enkel, Josef Köllhofer, der die Osthälfte des Schlosses bewohnt.

„...das halte ich für überzogen", antwortete er mir am 12. Juli 2005, „er war wohl ein Dichter, dem die deutsche Sprache, Dichtung, Mythologie u. a. eminent wichtig war....

'Das überschwengliche Deutschsein wurde eher als Mauer angesehen', schreiben Sie, 'hinter der er sich verstecken konnte.' Es blieb ihm nichts anderes übrig, als seiner Aussage davon zu laufen, so weit er konnte ... nach Neuseeland!' Ich sage nein.

Er hat sich nie hinter irgend etwas versteckt, ob als Deutscher, als Jude, Europäer oder als Mensch. Dazu war er zu selbstbewusst. Sie haben doch das Gedicht 'An die Deutschen' gelesen, das er nach 1933 geschrieben hat":

„Euer Wandel war der meine.
Eins mit euch auf Hieb und Stich.
Unverbrüchlich, was uns eine,
Eins das Große, eins das Kleine:
Ich war Deutsch und ich war Ich.
Deutscher Gau hat mich geboren.
Deutsches Brot speiste mich gar,
Deutschen Rheines Reben goren
Mir im Blut ein Tausendjahr."

Fränkisches Hofgut in Kiechlinsbergen

„Er ist 'dem deutschen Geist', der im Deutschland des Dritten Reiches verraten wurde, auch nicht fortgelaufen, denn er hatte ihn zutiefst in sich aufgenommen, sich zu ihm bekannt und ihm gedient; seiner Geschichte, seiner Dichtung, seiner Mythologie, seiner Sprache.

Er empfand, dachte und dichtete deutsch, ja er konnte gar nicht anders."

DER PFARRER

Seit 1984 ist Anton Weber katholischer Priester in Kiechlinsbergen. Er, der sich einmal vorgenommen hatte, Kirchengeschichte zu studieren, machte kurz entschlossen seinen damaligen Berufswunsch zum Hobby und ist jetzt Pfarrer aus Leidenschaft, der die Kiechlinsberger nach und nach zu verstehen lernte.

Einer seiner Vorgänger schrieb dem damaligen Bürgermeister in sein Stammbuch: „Ehrlich, schaffig, hoffnungsfroh, das sind die Kiechlinsberger, und wenn du sie in Ruh kannst loh, so sparst du dir den Ärger."

„So ein Spruch bleibt im Gehirn hängen", ist Pfarrer Weber überzeugt. Er zog daraus die Konsequenzen und ließ seine Gemeinde bis zum heutigen Tage nicht in Ruhe. Ich wollte mich bei einem Gottesdienst davon überzeugen.

Wie erwartet, vorerst nichts Neues. Aber bei der Predigt zwang er seine Gemeinde durch lokale Bezüge zum Zuhören. Fünfzehn Minuten dauerte die Gleichnisgeschichte.

Alle hingen wie gebannt an seinen Lippen. Jeder verstand ihn, weil es ihr Schicksal war und nicht nur das aus einer biblischen Geschichte, die man zum hundertsten Male hörte und deshalb nicht mehr hinhören konnte.

Darin liegt die Stärke von Anton Weber, dass er „beispielgebend" predigt, Erlebnisbilder schafft, die „im Gehirn hängen bleiben".

Zur Frühschoppenzeit unterhielten wir uns in seinem Büro im Pfarrhaus. Am Vortag starb Papst Johannes Paul II. „Möchten Sie Papst sein?" „Nein!"

„Jedermann kann doch Papst werden", entgegnete ich.

„Das ist eine Lüge. Jedermann beinhaltet bereits die Aussage, dass es keine Frau sein kann, aber auch nicht jeder Mann, denn den Papst wählen die Kardinäle nach ihrem Gusto."

Das Telefon klingelte. Mürrisch nahm er den Hörer ab, freudig legte er ihn wieder auf. Die Landfrauen hatten gerade fünfhundert Euro für die Renovierung der Anton-Kiene-Orgel gestiftet.

„Was wäre die katholische Kirche ohne Frauen?", fragte ich. Die Frage verflüchtigte sich im Raum...

Ein Kaiserstühler, der das Aussehen eines Filmschauspielers hat. Wenn er französisch spricht, dann glaubt man es sogar.

Der Chef, des traditionsbewußten Gasthauses „Adler" in Königschaffhausen, Rüdiger Baptist, scheint seiner Zeit immer etwas voraus zu sein. Er spricht nicht nur von Ideen, er führt sie auch aus und hat Erfolg damit. Die Gäste nehmen seine Vorschläge an, lassen sich überzeugen und schlemmen kulinarische Köstlichkeiten aus der Region, die selten so gut zubereitet werden wie in seiner Küche. Es hat sich herumgesprochen!

Am 21. Oktober 2003 trafen sich 34 der führenden Gastronome des Kaiserstuhls bei Fritz Keller im „Schwarzen Adler", Oberbergen und gelobten nach dem Sprichwort „Gemeinsam sind wir stark", die Vereinigung „Kulinarischer Kaiserstuhl" zu gründen. Zum Präsidenten wählte man Rüdiger Baptist. „Wir wollen nicht nur in die Fussstapfen unserer Eltern treten, sondern sie auch überholen. Wir müssen den Kaiserstuhl besser repräsentieren", meinte er und hatte gleich eine Anzahl von Vorschlägen parat: „Kaiserstuhl im Kerzenschein", „Die lange Burgundernacht", Kaiserstuhl Marathon"...

Innerhalb von zwei Jahren konnten eine Reihe seiner und der Ideen seiner Kollegen erfolgreich verwirklicht werden. Der Gast weiß inzwischen, dass ihn das weiße Emailleschild mit einer stilisierten Kochmütze und dem angedeuteten Höhenzug des Kaiserstuhls eine hervorragende Küche aus regionalen Produkten garantiert. PLENUM „Naturgarten Kaiserstuhl" hat mitgeholfen.

Er müsste kein „Schaffhusemer" sein, wenn Rüdiger Baptist nicht ab und zu im Gastro-Himmel schweben würde, aus dem ihn seine tatkräftige und liebenswerte Frau Michaela immer wieder herunterzuholen versteht. Visionen beflügeln das Leben.

Ein Beispiel: Zur Verwunderung seiner Familie kaufte er einen Tresor und brachte ihn in die Rebberge. Dort schaufelte er eine Grube aus, in der er den Schrank verschwinden ließ. Behutsam legte er einige Flaschen Wein des Anbaugebietes hinein, Korkenzieher, Gläser und eine Vesperplatte. Dann schloss er ab, fuhr zurück und tat seinen Gästen kund, dass er soeben einen Tresor in den Weinbergen vergraben habe. Wer ihn bei einer Wanderung findet, dem gehört der Inhalt. Die Tresorschlüssel wurden an die Gäste ausgeteilt, die sich dann zu Fuß durch das Auf und Ab

der Weinberge machten. „So lernen die Urlaubsgäste die Reb-Terrassen und unsere Arbeit kennen", ist Rüdiger Baptist überzeugt.

Also, nichts wie hin!

DER VISIONÄR

Rüdiger und Michaela Baptist

Rüdiger Baptist mit Gästen auf einer Weinberg-Tresor-Wanderung

ENDINGEN
KÖNIG-
SCHAFFHAUSEN
Die Kirschen in
Nachbars Garten…

Wer könnte darauf kommen, dass es zwischen den drei Orten jemals Ärger, Neid und Mißgunst gab ...

Aber, was sich liebt, das neckt sich.

Zunächst ein paar geschichtliche Daten zu Königschaffhausen: Die einen glauben, dass der Ort bereits 995 als „vila scafhusen" bezeichnet wurde. Die anderen sind der Meinung, dass zu diesem Zeitpunkt nur eine Schäferei des Sasbacher Königshofes hier gewesen sein konnte.

„Mit Sicherheit ist in der frühen Neuzeit Schafzucht betrieben worden", stellt die Chronistin Anneliese Müller fest, „aber wie lange diese hier schon heimisch war, wissen wir nicht."

Walter Vetter allerdings schreibt in seinem Buch „Kaiserstuhl - Kunst und Geschichte", dass Königschaffhausen, „das Haus des Schaffens des Königs", nicht nur als Gemeinde am Königsweg von Riegel nach Sasbach geschichtliche Bedeutung zukommt, sondern dass man bereits in der Frühgeschichte menschliches Leben registrierte. 1979 wurden bei der Erweiterung des Winzerkellers Reste einer Bandkeramiksiedlung von 5.200 v. Chr. aufgefunden. Ab dem Jahr 1270 kann man auch vom Dorf „Künges Schafhusen"

lesen. Bis heute wurde man sich darüber nicht einig. Sicher ist man sich aber, dass der erste Rebstock in der Römerzeit gepflanzt wurde. Seit dem 8. Jahrhundert ist der Weinbau schriftlich belegt.

1556 führte der Markgraf von Baden die Reformation durch. Königschaffhausen wurde eine evangelische Insel, die von den Katholiken der umliegenden Orte nicht gerne gesehen war. Wenn sich die katholischen Kiechlinsberger über die evangelischen Königschaffhausener ärgerten, nahmen sie einfach ein Güllefahrzeug, öffneten es und fuhren am Karfreitag stinkend durch Königschaffhausens Straßen.

Mitte des 15. Jahrhunderts gab es eine Verordnung, dass die Frau eines Verstorbenen das beste Stück Vieh und der Mann bei dem Tod seiner Frau ihr bestes Kleid beim Vogt abzugeben habe. Königschaffhausen war jedoch ein „königsfreier" Ort und somit von diesen Abgaben befreit. Wieder löste dieses Privileg Neid und Zorn bei den anderen Gemeinden aus.

Ende des 15. Jahrhunderts kam weiterer Ärger hinzu. Die Kiechlinsberger stritten sich mit den Königschaffhausenern um die Wasserrechte. Man hatte sich das Wasser abgegraben, bis einer die Idee

hatte, dass Kiechlinsbergen das Wasser vom sonntäglichen Gebetsläuten bis zum Gebetsläuten am Mittwoch bekommt und Königschaffhausen die restliche Zeit. Der Streit dauerte schließlich bis in das 19. Jahrhundert.

Im 18. Jahrhundert war man in Königschaffhausen schon so weit, dass es ein Schulhaus gab, eine Feuerspritze, eine Feuerleiter und ein Gasthaus in der Nähe der Kirche. Die Kirche selbst war bereits ausgestattet mit einer Orgel und einem vergoldeten Hostienkästchen.

Königschaffhausen gründete im Jahre 1933 eine Winzergenossenschaft. Die Kellergewölbe waren groß und hielten die Temperaturen das ganze Jahr über gleich. Ein Großteil der Kaiserstühler Winzer gab heimlich seine besten Fässer in diesen Keller, um eine optimale Reife zu erzielen.

Im Zuge der Gemeindereform wurden die Winzerdörfer Kiechlinsbergen (1974) und Königschaffhausen (1975) eingemeindet. Amoltern bat bereits im Jahre 1971 die Stadt Endingen um eine „Notaufnahme" in den Gemeindeverbund, denn die Kosten einer Wasserversorgung konnte das Dorf nicht selber tragen. Es wurde den Dörfern damit ein Teil ihrer Selbständigkeit genommen,

Bau der Wasserleitung in Kiechlinsbergen 1899

und die Stadt Endingen bekam dreimal soviel Arbeit. Im Jahre 2005 hatte sie 9.010 Einwohner zu verzeichnen.

„Ja, die Schaffhüser", stöhnen die „Ändinger" heute noch, und sind im Grunde genommen froh, dass sie so einen Nachbarn haben. Die „Bergemer", so werden die Kiechlinsberger genannt, können inzwischen sogar über die Listigkeit der Amolterer lachen. „Sauer macht lustig", rufen sie sich in Bezug auf die Sauerkirschen zu. Dass die Königschaffhausener auch lustige Leute sind, das lässt sich nicht abstreiten. Am Stammtisch wird wenig politisiert, dafür hat man Zeit, sich alte Geschichten immer wieder neu zu erzählen, denn aufgeschrieben hat sie bisher keiner. Da ist zum Beispiel das „Naiherle". Es braucht nur sein Name zu fallen, schon beginnt man zu

schmunzeln. Der „Köpenick des Kaiserstuhls" hielt im letzten Jahrhundert die Königschaffhausener in Atem. Einmal ging er in eine der besten Wirtschaften des Ortes und kündigte an, dass eine Kompanie von Soldaten auf dem Weg nach Königschaffhausen sei. Der Kommandant hätte angeordnet, dass das Mittagessen hier eingenommen werden sollte. Er sei die Vorhut, die das Essen auswählen und prüfen muss. Klar, dass er das Beste vom Besten auswählte und probeweise verspeiste. Nach dem Essen wartete er auf einen günstigen Augenblick ... und war seitdem nicht mehr gesehen.

Eine Geschichte jagt die andere „Naiherle"-Anekdote. Übrigens, wissen Sie was ein „Naiherle", geschweige denn, was ein „Übername" ist?

Nirgendwo scheint es so viel Übernamen zu geben

wie in Königschaffhausen. Der „Naiherle" verdankt seinen Übernamen der Tatsache, dass seine Eltern eine Näherei betrieben haben.

Ein anderer, „Blitzer" genannt, hatte ein besonders sauberes Zuhause.

Der Wirt wurde generell mit dem Übernamen seines Wirtshauses angesprochen: „Adlerwirt", „Rebwirt", „Sonnewirt", ...

Ein Fremder aber ist schlecht beraten, diese Übernamen (also Spitznamen) zu gebrauchen, denn Verwechslungen sind selten wieder gut zu machen. So geschah es einmal, dass ein Gast der Annahme war, der Übername eines Mannes am Stammtisch sei „Hundertpfund". Da er vermeiden wollte, ihn mit seinem Übernamen anzusprechen, sagte er „Herr Zentner" zu ihm.

In Königschaffhausen können Sie noch einem der selten gewordenen „Ölbauern" bei seiner Arbeit zusehen. Werner Reinacher ist Besitzer und Betreiber einer alten Walnussölmühle, die seit 1822 in Betrieb ist.

Wie Sie zur Ölmühle gelangen, braucht man nicht zu erklären, Sie müssen nur dem Duft nachgehen, der durch die Gassen zieht. Hinter der Holzwand einer alten Scheune hören Sie schon von weitem das Mühl-

rad rumpeln. Vor dem Eingang sitzt ein Mann auf einem Stein und klopft die Walnussschalen mit einem Hammer auf. Drinnen steht der Chef, der die schwerfällige Mechanik der Mühle bedient. Seit vier Generationen ist sie im Familienbesitz.

Vier bis fünf Zentner Walnusskerne schiebt er täglich unter das ächzende Mühlrad. Wo bekommt man noch den goldenen Saft von

frisch gepressten Walnüssen, ohne Konservierungsstoffe? Natürlich in Königschaffhausen! Im August 2005 hat die europäische Kulturstiftung den „Regio Preis" für

Gesundheit und Ernährung an Werner Reinacher vergeben. In ihrer Laudatio würdigte Sonja Gräfin Bernadotte das Engagement für die Ölmühle, die aus heimischen Produkten und nach alther-

gebrachten Methoden naturbelassen Walnussöl herstellt.

Berühmt wurde Königschaffhausen natürlich durch seine Kirschen. Wenn im Frühling mehr als 10.000 Kirschbäume ihre Blüten treiben, glaubt man von weitem, es liegt dicker Schnee auf den Ästen. Der Schnee verwandelt sich in schneeweiße Blüten, aus denen die Natur in wenigen Wochen verführerische Früchte zaubert, die von den kleinen Frühkirschen bis hin zu den dunkelroten „Krachern" die Herzen erfreuen. Während der wochenlangen Ernte stehen die bis zu zehn Meter hohen Leitern Tag und Nacht in den Kirschbäumen.

Wenn Sie die Kirschblüte bis zur Reife nicht miterleben können, empfiehlt es sich, Deutschlands einziges Kirschenmuseum zu besuchen. Hier erfährt man auch, dass alljährlich ein Kirschenfest durchgeführt wird, bei dem nicht nur das schönste, sondern auch das intelligenteste und „kirschenaussagekräftigste" Mädchen zur Kirschenkönigin gewählt wird.

Das können die Nachbargemeinden Kiechlinsbergen und Amoltern nicht bieten, müssen sie neidlos zugeben, denn die Schaffhüser Kirschen sind tatsächlich die Besten ... sie schmecken so süß und so gut!

Sie ist die Kaiserstühler Landfrau schlechthin. Ruhe ausstrahlend. Pfiffige Augen, alles sehend. Nicht nur alemannisch redend, denn sie kann alles, „auch Hochdeutsch". Sie ist ein entschlussfreudiger Mensch und meint, dass „in jeder guten Demokratie immer ein Schuß Diktatur dabei sein muss." Sie ist emanzipiert. Auch ihr Mann, denn „er und ich pflegen die Gleichberechtigung. Das ist nicht immer einfach, aber stets spannend", meint sie.

Die „Ministerin für den Ländlichen Raum" wurde in dieses Amt 1996 berufen. Gerdi Staiblins „Liebe zum baden-württembergischen Boden bestimmte schon immer ihr Leben", hieß es in einer Mitteilung der Landesregierung von Baden-Württemberg, in der sie bis 2001 Ministerin war.

Jede Ackerscholle scheint sie damals registriert zu haben. Dabei ist sie nicht pedantisch, aber korrekt. Die Frau Minister a.D. ist eine der liebenswürdigsten Frauen im Kaiserstuhl. Heute, wie damals sorgt sie sich um die einmalige Flora und Fauna dieses Naturgartens, um den Naturschutz, um die Weinbaubetriebe, um die Agrar- und Strukturpolitik, um die Forstwirtschaft, um die Pflege der Kulturlandschaft, um die

Menschen im und am Kaiserstuhl und um ihr, hinter dem Gästehaus liegendes Gärtchen, in dem noch ein Maulbeerbaum zu bestaunen ist, der unter der Österreichischen Kaiserin Maria-Theresia (1740 - 1780) gepflanzt wurde. Ursprünglich sind diese Bäume in Tibet und China beheimatet, aber im Kaiserstuhl fühlen sie sich genauso wohl. Gerdi Staiblin weiss, wie man aus den Beeren einen edlen Likör kreiert.

Nicht selten steht ein PKW mit Stuttgarter Kennzeichen vor dem Schwibogen ihres Hauses in Königschaffhausen. Der Rat von Gerdi Staiblin wird immer noch geschätzt. Übrigens ist sie Trägerin des Bundesverdienstkreuzes am Bande und des Bundesverdienstkreuzes 1. Klasse, sowie der Verdienstmedaille des Landes Baden-Württemberg. (Diese Auszeichnung wird nur an 1.000 lebende Bürger im Land vergeben).

Bevor sie den Ministerstuhl räumte, setzte sie sich mit dem Projekt PLENUM-Naturgarten Kaiserstuhl ein Denkmal. Die Kraft für diese schwere Arbeit holte sie sich in ihrem geschmackvoll eingerichteten Haus. Landhausatmosphäre Kaiserstühler Stils! „Hier erhält mein Leben Würze", sagt sie und meint dabei nicht nur die vie-

len Salz- und Pfefferstreuer, die sie sammelt und die in vielen Ecken ihres Hauses stehen.

DIE MINISTERIN

Um es gleich vorweg zu sagen: Wegen Kirschen streiten sich die drei Winzerdörfer, die der Stadt Endingen angeschlossen sind, schon lange nicht mehr. Jeder weiß inzwischen, dass Königschaffhausen die Süßesten in Nachbars Garten hat und Amoltern die Sauersten.

Von den wildwachsenden Sauerkirschen soll auch der Name Amoltern abgeleitet worden sein. 1100 wurde das Dorf erstmals erwähnt, in das man nur bis zur Dorfmitte fahren kann. Dann enden alle Straßen in einer Sackgasse. Die Sauerkirsche hieß früher im alemannischen „Amelbeere" und „amarus" war das lateinische Wort. Die Sauerkirsche war es auch, argumentierten die alten Königschaffhausener, dass Amoltern zwielichtige Gestalten anlockte.

Da die Obrigkeit weit weg vom Dorf residierte, konnte man hier anscheinend oftmals tun und lassen was man wollte.

Es entwickelte sich bereits im 16. Jahrhundert eine Opposition gegen „die da oben". Der aus Amoltern stammende Hans Ziller wurde Wortführer beim Aufstand der Bauern im Jahre 1525. Bei dem Verhör am 20. Dezember 1525 auf der Hochburg bezeichnete ihn die Gerichtsbarkeit als „erst Aufwigler" im Kaiserstuhl.

Einige Zeit später 1768 kam der Freiburger Kapuzinerpater Romuald Baumann, Guardian des Klosters in Breisach, später Präfekt der Kapuziner Mission in der südspanischen Sierra Morena, nach Amoltern. Dieser Pater wollte die Ideale der französischen Revolution „Freiheit, Gleichheit, Brüderlichkeit" ausgerechnet von Amoltern aus verwirklichen. Wie kam es dazu? 1778 war der Pater mit dem Amolterer Dorfpfarrer Franz Xaver Ganter befreundet. In Amoltern durfte er die Gastpredigt halten und wollte aus der Dorfgemeinschaft eine „Christliche Gütergemeinschaft" machen. „Gemeinschaftliches Leben, gemeinschaftliche Arbeit, gemeinschaftliches Geld verdienen, ..." In Amoltern schien er das Interesse der Bürger geweckt zu haben, denn sie wollten sogar probehalber ein Jahr mitmachen. Romuald schickte eine Eingabe an die Behörden, in der es hieß, dass die ärmlichen Verhältnisse gebessert werden könnten, Kranke, Witwen und Waisen Hilfe fänden, ledige Weibspersonen sogar ihre Aussteuer bekommen könnten, um eine freie und glückliche Ehe zu führen.

Der Amtmann, der das Gesuch bearbeitete, fügte die skeptische Bemerkung hinzu, dass das Vorhaben des Paters wohl heiligmäßig sei, es aber die Heiligmäßigkeit der Beteiligten voraussetze und da

ENDINGEN
AMOLTERN
Zwielichtige Gestalten

habe er seine Zweifel. Die Regierung verbot daraufhin das Treiben. Romuald geriet mit seinen Vorgesetzten in Streit und wurde ins Kloster Riedlingen verbannt, vielleicht sogar in eine Nervenheilanstalt. Seither ward er nicht mehr gesehen.

Als Pfarrer Ganter das Zeitliche segnete, brodelte es immer noch in der Gemeinde. Dies veranlasste sei-

nen Nachfolger Haug, 1784 mächtig durchzugreifen. Er verlangte den Zehnten auch von Futterpflanzen, die bisher abgabenfrei waren. Die Gemeinde führte Streit mit ihm und der Pfarrer beklagte sich über die Verleumdungen. Dann passte ihm die Mehrarbeit in Amoltern nicht, „ein wildes und verlassener Ort, wo ich wohne", im Gegensatz zu seiner früheren Kaplantätigkeit in Endingen. Die Äbtissin bestellte ihn zu einer Besprechung nach Wonnental bei Kenzingen. Pfarrer Haug weigerte sich, da er dann dem Klosterverwalter begegnen würde, der ihn in einem Wirtshaus schlecht gemacht

hatte. Hingegen beklagte sich der Pfarrer bei der Äbtissin, dass sein Gehalt nie pünktlich einträfe. 1790 äußerte er den Wunsch, die Stelle aufzugeben. Sein Anliegen wurde nicht erfüllt.

Zum offenen Eklat kam es 1791, da sich der Geistliche über den klösterlichen Verwalter von Wonnental beschwerte. Die Äbtissin forderte den Pfarrer von Amoltern auf, sich schriftlich zu entschuldigen, aber der Beschwerdeführer weigerte sich.

Wieder kam ein neuer Pfarrer nach Amoltern, Anton Helin, der es ein Jahr aushielt - dann starb er und hinterließ den Armen von Amoltern 50 Florin und 60 Kreuzer.

Einen weiteren Rebell sah man in Franz Konrad Nagel, dem der halbe Ort gehörte. Er richtete ohne Genehmigung eine Schafhaltung von neunzig Tieren ein. Die Gemeinde setzte sich zur Wehr, denn es waren zu wenig Weideflächen vorhanden. Der Fall wurde nach Innsbruck weitergeleitet, da Amoltern zu Vorderösterreich gehörte. Die Zustän-

digen reagierten schnell und ließen Nagel über die Provinzregierung in Freiburg auffordern aufzugeben. Er legte Widerspruch ein, denn die Provinzregierung in Freiburg sei nicht zuständig. Im Hin und Her starb schließlich auch er - der Schafsrebell.

Die „wilden Zeiten" von Amoltern wurden erst stiller, als man die Kirche wieder ins Dorf holte. Durch ein Erdbeben, das der baufälligen Kirche in der Nacht vom 9. auf den 10. November 1823 den Rest gab, verlor man diese. Mit viel behördlichem Auflagen baute man eine neue Kirche im Ort, die aber erst 1832 vollendet wurde. Doch die alte Inneneinrichtung passte nicht in den Neubau.

Nur die Glocken von 1668 und 1770 blieben an ihrem Platz.

Die Schreinermeister Seilnacht aus Endingen und Öhm aus Broggingen fertigten zweiunddreißig Kirchenbänke an, die 1838 aufgestellt werden konnten. Die Stuckarbeiten machte Benedikt Schwarz. Doch die Innenausstattung war so ärmlich, dass

1840 sogar das Bezirksamt in Kenzingen eine Mängelrüge aussprach. Die St. Vitus Kirche wurde ständig restauriert und renoviert und war teilweise für die Öffentlichkeit geschlossen. Nach der jüngsten Renovierung wurde sie am 17. Juli 2005 feierlich eingeweiht.

„Mit der wieder hergestellten Kirche wird neues Leben ins Dorf kommen", meinte die charmante Ortsvorsteherin Cornelia Vollherbst an diesem Tag. „Wer zu uns kommt, lebt nicht nur inmitten einer beispielhaften Dorfgemeinschaft, sondern in unmittelbarer Nähe des ältesten Naturschutzgebietes des Kaiserstuhles, der 'Amolterer Heide'".

Wenn auch der nachfolgende Text von Rudolf Henning einige Jahrzehnte alt sein mag, so trifft die Schilderung genau das Heute:

„Inzwischen heißt es auch von Amoltern: Klein, aber fein - eine 'small-is-beautiful' - Alternative zur Anonymität der großen Städte! Amoltern: Ein Lebenskreis, in dem man sich wie selbstverständlich grüßt, ohne einander unnötig die Hände zu schütteln; ein Dorf, dessen Lage keinen Durchgangsverkehr zulässt, aber das gerade deshalb zum Verweilen einlädt. Bedenkt man das Ganze, so überwiegt der Eindruck, die Amolterer

hätten sich trotz der anzutreffenden 'Schattenseiten' des Lebens mutig für die Sonnenseite entschieden",wie die Familie Sacherer, die in ihrem Gasthaus „Sonne"" bemerkenswerte Spezialitäten aus der heimischen Küche serviert.

Ein hochgeschossener blonder Mann (geb. 1975). Eine Freud'sche Brille prägt sein Gesicht. Kurze, hochgestylte Haare gleichen einer Stalagmiten-Landschaft: Martin Gutmann ist sein Name. Er lebt und arbeitet in Endingen. Inmitten der von ihm geschaffenen Figuren zauberte er mit Hammer und Meisel auch die kauernde Jokili-Gestalt, die im Wasser des Marktplatz-Brunnens von Fasnet zu Fasnet wieder geboren wird. In vielen Galerien findet man seine Werke. Eine Ausstellung in Bötzingen trug den Titel: „Im Stein ist die Freude der Entdeckung". Das passt zu ihm. Er begibt sich ständig auf Expedition durch den Stein und seine Seele.

Gutmann spricht darüber nicht. Er ist ein Mann der Tat. Nach seiner Gesellenprüfung als Steinbildhauer (1995) absolvierte er ein Studium an der ACADEMIA DI BELLE ARTI DI CARRARA bevor er Steinmetz und Bildhauermeister wurde (2003). Und was machte er als Meisterstück? Den „Kaiserstuhl" (Titelseite).

Ein gewichtiger, eine Tonne schwerer Kaiser aus Elsässer Rouffacher Vulkansandstein lümmelt sich schemenhaft in seinem Thron, der sich in Rebterrassen aufbaut, die übergreifen in sein Gewand. Auf einer Seite verliert die Skulptur an Kontur, löst sich in ein Nichts auf und übergibt der Phantasie des Beschauers die Deutung ... Man weiß nicht genau, woher der Name „Kaiserstuhl" kommt.

Den Namen Martin Gutmann, der schon als Dreijähriger mit Hammer und Meißel es seinem Vater, der ebenfalls Steinmetz und Bildhauermeister ist, gleichtun wollte, wird man sich merken müssen. Er hat gelernt, sich der Aura des Kaiserstuhls zu öffnen, die ihm eine große Phantasie schenkt.

DER
STEINBILDHAUER

Wenn man das Kaiserstühler Ambiente oder den Kaiserstühler Wohnstil definieren sollte, dann ist ein Besuch bei Gerdi Staiblin, der ehemaligen Ministerin für den ländlichen Raum und ihrem Mann Helmut, dem ehemaligen Kellermeister der Winzergenossenschaft Königschaffhausen unumgänglich. Das gediegene Haus an der Hauptstrasse von Königschaffhausen und die Apartments im Gästehaus gegenüber, vermitteln Geschmack, der mit der Zeit geht, der aber auch das Traditionelle pflegt. Dass Gerdi - wie sie liebevoll genannt wird- eine exzellente Köchin ist, beweist die große Wohnküche. Wer dort einmal zum Frühstück eingeladen war, der sitzt gut und gerne drei Stunden, um die nicht enden wollenden „Morgengaben" zu genießen.

Im Gästehaus ist jedes Appartement mit einer luxuriösen Küche ausgestattet, die im Stil der 20er Jahre des vergangenen Jahrhunderts anheimelt. Die Wohn-und Schlafräume schmücken wertvolle Antiquitäten. Ein wild-gepflegter Hinterhofgarten, in dem auch exotische Früchte gedeihen –sogar eine Maulbeerbaum aus der Zeit von Maria Theresia - läßt Zeit und Raum vergessen.

Ambiente Helmut und Gerdi Staiblin

ENDINGEN
WIE ES LEIBT UND LEBT

Wären Sie doch etwas früher nach Endingen gekommen - so um 1450 - dann hätten Sie als „hervorragender Fremder" vielleicht „Schenkwein" mit nach Hause nehmen können.

Landesweit wurde damals die „Freiburger Geschenkeliste" für beispielhaft angesehen. Angenommen, Sie wären um diese Zeit als König Gast der Stadt gewesen, so hätte Ihnen die Gemeinde eine Fuhre mit „30 Sack Hafer und 3 halben Fudern Wein" überlassen müssen. Ihre Gattin hätte 100 Goldgulden erhalten, poliert und fein säuberlich geordnet in einem Säckchen.

Selbst wenn Sie als Künstler in die Stadt gekommen wären, als Erfinder oder als Literat, die „aller Art ihre oft geringfügigen Erzeugnisse dem Rat der Stadt widmeten und versuchten somit in den meisten Fällen etwas herauszuschlagen", so hätten sie auf alle Fälle 7 Pfund als Gastgeschenk erhalten, die Ihnen als Pflastersteuer wieder abgezogen worden wäre.

Ein Vergleich zur Jetztzeit: Heute ist es für einen prominenten Gast schon eine Ehre, wenn er sich in das „Goldene Buch" der Stadt eintragen darf. Prof. Ernst Fuchs, der Gründer der Wiener Schule des phantastischen Realismus,

tat es am 31. Juli 2003. Er fertigte in zehn Minuten eine Selbstportrait-Federzeichnung an und bekam dafür den Händedruck des Bürgermeisters Hans-Joachim Schwarz und ein Glas Grauburgunder Wein. (Der Verkaufswert des Selbstportraits im Gästebuch wird von Fachleuten auf EUR 5.000 geschätzt!) So ändern sich die Zeiten!

Wie ich annehme, haben Sie es also nicht geschafft, im Mittelalter nach Endingen zu kommen. Versuchen Sie es jetzt doch einmal! Die Bevölkerung wird Sie freundlich empfangen. Jeder kennt jeden, dass heißt fast jeden. Sollten Sie nach einem „Herrn Niemand" fragen, so könnte es sein, dass Ihnen über dessen Verbleib höchstens dreißig Prozent der Bevölkerung Auskunft geben kann. Diejenigen, die um seine Existenz wissen, bekommen ein schlechtes Gewissen, denn haben sie ihn nicht erst kürzlich wieder beschuldigt?

„Wer war Schuld? Niemand!" Wir alle kennen diese Ausrede.

Den schlafenden „Niemand" entdeckte man im Jahre 1991 in Endingen, als Wandmalereien in dem historischen Haus, das die Stadt erwarb, freigelegt wurden. In Gedenken, dass das Geschlecht der Üsenberger En-

dingen zur Stadt erhob, erhielt das Haus den Namen „Üsenberger Hof" und in Gedenken an die Herrschaft der Habsburger brachte man das sehenswerte Vorderösterreich-Museum hier unter.

Außerdem finden Sie in diesem ehrwürdigen Haus auch das „Kaiserstühler Verkehrsbüro", für das Gerda Kauschat verantwortlich zeichnet.

Die Erbauer des Hauses, Jörg Landeck und Katharina Imholtz, erteilten um 1495 einem Künstler den Auftrag, den Herrn „Niemand" auf die Wand zu malen, was ihm überaus gut gelungen ist. Dazu zeichnete er ein im Winde sich bewegendes Band mit der Aufschrift: „Der arm Niemand bin ich. Was jedermann tut, dessen zeiht man mich." Nach dem Wunsch der Besitzer sollte hier gezeigt werden, dass „Niemand" nicht mehr der Sündenbock für alles sein kann. Jeder trägt seine eigene Schuld. „Als er aber weiterhin beschuldigt wurde, machte er die Augen zu und fiel in Ohnmacht. Er wird sie erst dann wieder öffnen, wenn sich jeder zu seinen Fehlern bekennt", heißt es in der Legende.

„Niemand,
der leihet mir eine Hand,
Niemand,
der schauet auf das mein

Niemand
will treu mir immer sein.
Der Pferde tut mir Niemand
warten,
Niemand
versiehet meinen Garten;

Niemand
der bauet das Land,
Niemand
dient treulich mit der Hand,
dem
Niemand
zwar zu dieser Frist, dem
Niemand
gewiß zu trauen ist."

Nirgendwo sonst findet man die Utopie „Niemand" in dieser Form personifiziert. Die Rechnung von Jörg Landeck und Katharina Imholtz ging auf. Viele Endinger fühlten sich anscheinend verpflichtet, „Niemand" nicht mehr als Ausrede zu benutzen, doch erwacht ist er bis heute nicht ...

Die Wandmalereien, die man in diesem Haus entdeckte, mussten den Bewohnern ein besonderes Lebensgefühl vermitteln. Eine gehobene Wohnqualität diente schon damals zur Inspiration und für repräsentative Ansprüche. Nur solchen Menschen mit genügend Geld und Einfallsreichtum war es möglich, ein ganzes Stockwerk mit teuren Wandgemälden (älteste Privat-Malerei Süddeutschlands) zu versehen, die hoch-

Fresko „Niemand" im Üsenberger Hof, Endingen

aktuell an dem Zahn der Zeit nagten.

Somit haben wir schon ein Blatt im Buch der umfangreichen Geschichte Endingens aufgeblättert.

Den Ursprung dieses Städtchens kennt man nicht genau. Man fand Gräber aus dem 6. und 3. Jahrtausend vor Christus und Reste größerer alemannischer Ansiedlungen aus dem 5. und 6. Jahrhundert. Die erste urkundliche Erwähnung stammt aus dem Jahre 862. Seitdem hat die Stadt eine reiche Geschichte durchlebt, die in den Archivbüchern hunderte von Seiten füllt.

Ich möchte Ihnen das heutige Endingen im Zusammenhang mit der Historie und ihren Menschen vermitteln.

Gehen wir vom Üsenberger Hof zum Königschaffhauser Tor, von den Endingern liebevoll „Torli" genannt. Drei Stadttore sollen es einmal gewesen sein. In dem noch existierenden Turm

Endinger Fasnetsfigur: Das „Jokili"

Bürgermeister Hans Joachim Schwarz im Zunftmeister-Gewand der „Narrenzunft Endingen 1782"

Ehrenzunftmeister Dr. Stumpf überreichte an Fasnet 2005 dem Narrenvogt Wolfgang Koch eine historische Jokili-Larve für die Zunftstube im Königschaffhausener Tor (Zunftmuseum)

schlafen die „Jokili-Larven, die Gewänder und die Requisiten" der nächsten Fasnet entgegen, die in ihrer traditionsgebundenen Volkstümlichkeit fast so bekannt ist wie der Kölner Karneval. Die Endinger Fasnet wurde zu einem Sympathieträger im ganzen Land.

Gehen wir ein Stückchen weiter zum Marktplatz. Dort steht der Ratsbrunnen, der fröhlich plätschernd seine Jahrhunderte alte Geschichte erzählt. Sollten Sie sich wagemutig über die Brüstung des achteckigen Brunnens beugen, dann könnten Sie das Jokili sehen, das seit der vergangenen Fasnet hier unten ruht. (Die Figur schuf der Endinger Bildhauer Martin Gutmann.) Zu Beginn der närrischen Zeit holt man das Jokili dann wieder aus dem Brunnen und am Ende versinkt es wieder im Meer der Narrentränen, die den Wasserspiegel des 24.000 Liter fassenden Brunnens überlaufen lassen. „Oh weh, oh weh, oh weh", jammern dann die Narren und verschwinden in den Gässlis der Stadt.

Das Jokili ist die Zentralfigur der viel gerühmten Endinger Fasnet, um deren Geschichte sich der Inhaber der einzigen Buchhandlung in Endingen, Wolfgang Koch, mit viel Liebe und Sachverstand kümmert. Die Herkunft des Jokili ist unbekannt, doch glaubt man annehmen zu können, dass es aus der italienischen Comedia del Arte stammt. 1782 tritt es zum ersten Mal in dem Endinger Narrenspiel „Jokilis Heimkehr" auf. Ob es so aussah, weiß man nicht. Bestimmt ist der Spaßmacher in einer ähnlichen Gewandung aufgetreten. 800 Endinger haben derzeit ein Jokiligewand.

Unweit vom Ratsbrunnen befindet sich das Kornhaus. Es wurde 1617 mit einem Staffelgiebel erbaut. Heute dient das Gebäude als Rathaus. Doch der Bürgermeister könnte sich noch zwei weitere Rathäuser in aller nächster Nähe aussuchen:

An der Ecke Hauptstraße/Marktplatz steht das „Alte Rathaus" von 1527, das 1715 mit einem barocken Portal versehen wurde. Direkt gegenüber vom Marktplatz thront „Haus Henninger", das ehemalige „Palais Krebs" im prächtigen Rokokostil (1775). Die meisten Räume des „Alten Rathauses" sind dem Heimatmuseum gewidmet, in dem sich wertvolle Exponate neben wichtigen und unwichtigen, neben schönen und grausamen Ausstellungsstücken befinden. So kann man in einer Vitrine das 1650 geschmiedete Richtschwert des Scharfrichters bestaunen. Dann dominieren einige in Silber und Gold getriebene Pokale, vielfach mit Edelsteinen besetzt. Man fragt sich, welchem König oder Kaiser dieser Schatz sein Eigen war. Eine Tafel gibt Auskunft, dass es sich um die Sammlung des Endinger Ehrenbürgers Gustav Zimmermann (Übername: Goldonkel) handelt, der von 1854-1937 lebte. Er holte sich in Wien den Titel des „Weltschützenmeisters" und durfte mit Kaiser Franz Josef in der Hofkutsche durch Wien fahren. Die Schützengesellschaft von 1648 ist stolz auf ihn.

Im Verlauf der Jahrhunderte haben sich mehrere Privilegien erhalten, von denen u. a. das „Rugeli", ein Roll- und Würfelspiel, aus dem sich das Roulett entwickelt haben soll, von Bedeutung ist. Als Endingen noch zu Vorderösterreich gehörte, wurde der Westfälische Frieden mit dem Vertrag vom 14. Oktober 1648 besiegelt, das hieß, dass die Endinger alle Rechte und Freiheiten zurück bekamen. Von Kaiserin Maria Theresia (1740-1780) erhielt die Schützengesellschaft die Genehmigung, während aller Sonn- und Feiertage im Mai, von sechs Uhr morgens an, die Bevölkerung zu einem Roll- und Würfelspiel einzuladen, das 31 Spielpunkte (das Roulett hat 36) aufwies. Eine Tradition, die sich bis heute erhalten hat. Der Gewinner erhält eine riesengroße Brezel, die der Bäcker um Punkt fünf Uhr aus dem Ofen geholt hat.

In Endingen pflegt man die Traditionen. Das werden Sie bei Ihrem Stadtrundgang an allen Ecken und Enden erleben. Einige Schritte vom Marktplatz entfernt befindet sich die Martinskirche, auch Obere Kirche genannt, eine Wallfahrtskirche, die ihren Ursprung im 12./13. Jahrhundert hat. Erst 1615 wurde sie zur Wallfahrtskirche.

Was war geschehen?

Am Tag vor Christi Himmelfahrt wurde von Kirchenbesuchern beobachtet, dass Tränen aus den Augen der Marienstatue tropften. Wenn man sie abwischte, quollen sie erneut hervor. Eine realisti-

Juli 2005, morgens 05:00 Uhr:
Sonnenaufgang über Endingen

153

sche Deutung gab es nicht. Das Ereignis, das wenige Frauen und Männer sahen, hielt man für ein Wunder. Wallfahrten wurden nach Endingen durchgeführt, aber das geschmückte Gnadenbild sah man stets ohne Tränen.

Markant schiebt sich der Glockenturm dieser Kirche in den Himmel. Fünf Glocken sind zum Geläut bereit. Die älteste stammt aus dem Jahr 1256, die beiden anderen aus dem 14. Jahrhundert und von 1714. Am schönsten klingen sie, wenn sich die Glocken der Peterskirche (1773-1775) mit einmischen. Eine ihrer Glocken stammt ebenfalls aus dem 13. Jahrhundert und die anderen sind auf 1497 und 1714 datiert. Sollten Sie zufällig noch überirdische Glöcklein hören, dann haben sich die zwei Glocken der hoch auf dem Berg gelegenen Katharinenkapelle bemerkbar gemacht. Ganz Endingen steht in der Christnacht unter einem Klanghimmel, der die Bewohner wie hypnotisiert zum Martinsbrunnen lockt. Alle haben einen leeren Weinkrug in der Hand, drängen um den Brunnen und holen während des Geläuts Brunnenwasser. Wenn die Glocken verstummen, eilen sie in ihre Wohnungen, wo der Familienvorstand das mitgebrachte Wasser beschwört: „Heili wog, Gottes Gob, Glück ins Hüs, Unglück nüss."

Anschließend wird das Wasser im Familienkreis zur Erfüllung aller Wünsche im kommenden Jahr getrunken. Bleibt ein Rest übrig, so wird noch Haus und Vieh besprengt. Ein Brauch, der früher im katholischen Süddeutschland üblich war, der sich aber nur noch in Endingen erhalten hat.

Mitternächtliches Gedränge rund um die Brunnen der Endinger Altstadt: Nur hier hat sich der einst weit verbreitete Brauch des Heiliwog-Holens erhalten.

FOTO: ROLAND VITT

Heiliges Wasser im Krug

Der einst weit verbreitete „Heiliwog"-Brauch hat sich nur noch in Endingen erhalten

VON UNSERER MITARBEITERIN
MECHTHILD MICHELS

ENDINGEN. Ein ...

„Badische Zeitung"

In der Stadt gibt es sechs historische Brunnen, unter ihnen der „Zimpersbrunnen", heute als „s'Bolaste Brunne" bekannt. Die Namensgebung bezieht sich auf ein „Endinger Original", das von 1819-1912 in einem Haus vis à vis des Brunnens lebte. Der Mann war Küfer und Kellermeister in dem heute noch bestehenden Weingut Bastian. Man erzählt sich, dass er ab den besten Mannesjahren täglich 3-5 Liter Wein getrunken haben soll und deshalb 93 Jahre alt wurde. Der jetzige Chef des Weingutes Bastian, Andreas Neymeyer, hat ausgerechnet, dass er bis zu seinem Tod 73.547 Liter Wein verkonsumierte. Viele Endinger haben für sein Trinkverhalten Verständnis, denn aus der damaligen Zeit wird überliefert, dass „Endingen mehr Wein als Wasser" hatte. Das war allerdings vor der Installation der Wasserleitung im Jahre 1869, die durch die Initiative des legendären Bürgermeisters Michael Kniebühler verwirklicht werden konnte. Ihm wird auch der lustige Reim zugeschrieben: „Oh Mensch im Volksgewuhl, trink Wein vom Kaiserstuhl."

Einen hochrangigen Vertreter des Kaiserstühler Weins wird die Stadt in den ersten Jahrzehnten des 19. Jahrhunderts mit dem in Endingen geborenen Joseph Lederle

Endinger Brunnen gemalt von Frank Bohle

Georg A. Weth hat mit Annette Greve im Frühjahr 2000 ein rustikales Haus in Endingen bezogen, das nach den chronologischen Untersuchungen im Spätmittelalter errichtet wurde. Durch Keller- und Hofgrabungen fand man Tonscherben aus denen geschlossen werden darf, dass jedoch bereits im 7. Jahrhundert n. Ch. eine Besiedelung erfolgte. Inmitten des Areals, das durch eine Schenkung Kaiser Otto I. im Jahre 969 n. Ch. an das Kloster Einsiedeln gelangte, stand auch die Bebauung dieses Platzes. Der Schlussstein im Schwiboge trägt allerdings die Jahreszahl 1570.

„An dem Anwesen ist exemplarisch die Siedlungsentwicklung der Stadt Endingen vom späten 7. Jahrhundert bis in die Gegenwart nachvollziehbar", schrieb die „Denkmalpflege in Baden-Württemberg" in Heft Nr. 2 vom Jahre 2002. Die Geschichte dieses Platzes und die des Hauses verpflichtet Zeit und Raum in Ehrfurcht weiter zu tragen. Die Mauern und Balken atmen Geschichte, die mit einem stilvollen Ambiente die Einflüsse der einstmals hier lebenden Menschen unterstreicht.

Ambiente Georg A. Weth und Annette Greve

(7.1.1800) gehabt haben, der zum medizinischen Hofarzt des Zaren in St. Petersburg berufen wurde. Am 24. Februar 1861 erhob ihn der Zar sogar in den russischen Adelsstand. Aus seiner Familie stammen zwei Kinder, Michael Franz und Franz Karl, die ebenfalls Ärzte wurden, letzterer sogar medizinischer Kaiserlich Russischer Staatsrat in St. Petersburg. Auch heute scheint den Russen der badische Wein zu schmecken. Am 20. Dezember 2004 überreichte man Präsident Putin eine Flasche Spätburgunder Rotwein, Jahrgang 2001, der aus der Winzergenossenschaft Königschaffhausen kam. Mehrere hundert Flaschen wurden dann für den historischen Weinkeller des Kostantinpalast in St. Petersburg geordert. Zu Zeiten des Arztes Dr. Lederle zählte die Weinsammlung mehr als 13.000 Flaschen. Wie viele heute vorhanden sind, bleibt ein Geheimnis.

In Endingen herrschte, im Gegensatz zu vielen anderen derartigen Städtchen, schon frühzeitig Zucht und Ordnung. Aus der Perspektive des Jahres 1753 gesehen, hatte die Stadtkasse „leere Säcke". Um sie wieder zu füllen, beschloss man, die Steuern frühzeitiger einzuziehen. Wer die Stadt betreten wollte, der musste Pflastergeld bezahlen.

Pflastersteinmosaiken (Zunftzeichen) auf den Straßen von Endingen

Wer wertvolle Sachen einführte, hatte Zoll zu entrichten. Die Wirte wurden zu einer Wein- und Biersteuer verdonnert.

Deshalb bemühte man sich schon damals, viele Gäste nach Endingen zu bekommen. Das hat sich bis heute nicht geändert. Der Endinger Einzelhandel, der die Auszeichnung „König Kunde" bundesweit als erste Stadt erhielt, lockt Interessenten aus ganz Deutschland nach Endingen, denn hier gibt es einige Spezialgeschäfte, die sonst kaum mehr zu finden sind. Selbstverständlich kommen Sie auch nach Endingen wegen des hervorragenden, vielfach prämierten Weines. Fachleute schätzen das alle drei Jahre stattfindende Grauburgunder Symposium. Auch des guten Essens wegen kommen viele Genießer. Die einfache Wirtschaft und das gehobene Restaurant hält für jeden Geschmack Spezialitäten bereit. Im Sommer sitzt man bis weit nach Mitternacht in den Gartenlauben, auf der Straße, in den Cafes und glaubt, im Paradies zu sein. Jugendliche feiern freudig mit. Da gibt es keine altersbedingte Sperrstunde wie damals: „Jugendliche, die nach 10 Uhr nachts in den Gassen herum schwärmten, wurden zur Strafe in den Turm geworfen."

Schon zu dieser Zeit wurden die Handwerksbetriebe aufgelistet und organisiert. Aus der Statistik ergibt sich die Feststellung, dass die Endinger (2500 Einwohner), von 12 Groß- und 13 Kleinmetzgern versorgt wurden.

„Keiner sollte dem anderen ins Handwerk pfuschen" wurde festgelegt. Dafür hatten die Handwerkszünfte zu sorgen, in deren Satzungen unter anderem stand:

„Daß kein Zünftiger dieser Zunft den anderen in seinem Profession und Handwerksachen im geringsten eingreüffen, als da seint entzwischen Mahleren und Düncheren, Barbier und Baadern, waasten und Huefschmitten allwo auch keine so genanthe Kürchdörffer, und Sackhweüsser bey den Handwerckheren sich ein finden sollen, ferners entzwischen Schmid und Schlosseren, Schlosseren und Uhrenmachern, Müller und Beckhen ..." Fast alle damaligen Handwerkszweige waren in Endingen vertreten.

Immer wieder tobte der Krieg, dem Armut und Krankheit folgte. Vor allem der 30-jährige Krieg hat viele Wunden hinterlassen.

Im Jahre 1842 wanderten durch die Vermittlung des Endingers Alexander Benitz 392 Menschen aus dem Breisgau, darunter viele En-

dinger, nach Venezuela aus. Ihnen wurde ein Gebiet zugeteilt, dass sie „Colonia Tovar" nannten. Sie bauten Häuser im Stil ihrer Heimat und verdienten sich ihren Lebensunterhalt durch Ackerbau.

Tovar existiert immer noch und ein reger Kontakt hält die Freundschaft bereits in der sechsten Generation lebendig.

Wie alle Städtchen und Dörfer am Kaiserstuhl wurde die Bevölkerung mehr von negativen, als von positiven Ereignissen geprägt. Es ist verwunderlich, dass man immer noch über Ereignisse diskutiert, die hunderte von Jahren zurückliegen. Beispielsweise wird den 24. April 1751 keiner aus seinem Gedächtnis streichen. Die Heimatzeitung „Mein Kaiserstuhl" berichtete darüber: „Im achtzehnten Jahrhundert trat eine Erscheinung auf, die so richtig zeigte, wie geistig krank und verdorben die damalige Gesellschaft war."

Jeden befiel dieser Wahn. Protestanten oder Katholiken, Hohe und Niedrige, Gelehrte wie Ungelehrte, Eltern und Kinder. Am 24. April 1751 wurde Leben und Tod zu einer Volksbelustigung, bei der 12.000 Menschen zusahen. Eine Frau wurde auf dem sogenannten Galgenbuck verbrannt. Anna Trutt hieß sie und kam aus Wyhl. Aber in Endingen wurde sie gefoltert, bis sie gestand, als Hexe ein Feuer gelegt zu haben. Es war eine der letzten Hexenverbrennungen in Deutschland.

Kenner behaupten, dass das unterirdische Endingen genauso groß war, wie das Überirdische. Sie könnten Recht haben. Die Gewölbe-Weinkeller, die Lagerräume für Lebensmittel, die ehemaligen Schutzräume gegen die Bomben des dritten Reiches, bilden einen Teil des unterirdischen Endingens. Die alten Keller sind nicht selten zweistöckig ausgelegt. Selbst zur Koliburg, die 1321 im sogenannten Kaiserstühler Krieg zerstört wurde, soll ein unterirdischer geheimer Pfad geführt haben. Von Zeit zu Zeit machen sich diese geheimen Räume und Gänge bemerkbar, indem sie einfach einbrechen und ihr geheimnisvolles Innenleben den staunenden Passanten auf der Straße präsentieren. So geschehen im Oktober 2004 vor dem Königschaffhauser Tor. Nicht selten sieht man in den Kellern zugemauerte Torbögen oder schmale Durchgänge, die - so wie es scheint - nur darauf warten, geöffnet zu werden.

Wenn Sie in Endingen sind, werden Sie viel Eigeninitiative entwickeln, um das kennen zu lernen, was ich unbeabsichtigt oder absichtlich nicht erwähnt habe.

Schließlich ist eine selbst durchgeführte Entdeckungsreise viel spannender, als wenn man nur darüber liest.

Und überhaupt: Endingen zu beschreiben fällt oftmals schwer. Man sucht Vergleiche mit den Städtchen in der Toscana, im Piemont, in Südfrankreich. Es ist genauso unmöglich, als wenn man das Bukett eines Spätburgunders mit überreifen Pflaumen, Bananen oder Bitterschokolade zu beschreiben versucht. Endingen hat ein überirdisches Flair, das mit keiner anderen Stadt vergleichbar ist.

Verbinden Sie Ihren Aufenthalt am besten mit einem Stadt-Erlebnis-Spiel. Nach einem mittelalterlichen Mahl zeigen Ihnen rund 120 Endinger Bürger bei einem spannenden Nachtspaziergang ihre Stadt und führen Sie zu markanten Punkten, an denen historische Szenen aus der Stadtgeschichte gezeigt werden. Dieses Stadt-Erlebnis-Spiel ist seit seiner Uraufführung am 23. April 2005 so gefragt, dass innerhalb von einem Monat alle Aufführungen für das Jahr 2005 ausverkauft waren.

Übrigens, weil wir einleitend von Gastgeschenken sprachen ...

Wenn das Stadt-Erlebnis-Spiel um Mitternacht bei einem historischen Markt endet, dann werden Sie mit dem Bürgermeister der Stadt Endingen, Hans-Joachim Schwarz, persönlich Bekanntschaft machen. Er ließ es sich nicht nehmen, in dieser Inszenierung den Schultheiß zu spielen, also den Bürgermeister. Wenn Sie ihm zurufen: „Sag', wem gehört die schöne Stadt?", dann wird er Ihnen mit den Bürgerinnen und Bürgern Endingens antworten: „Euch gehört die schöne Stadt!"

Ist das nicht das größte Geschenk, das die Endinger Ihnen machen können?

Spielplan und Kartenvorverkauf oder Geschenk-Gutscheine sind erhältlich beim Kaiserstühler Verkehrsbüro, Adelshof 20, D-79346 Endingen,
Tel. ++49(0)76 42 / 68 99 90.

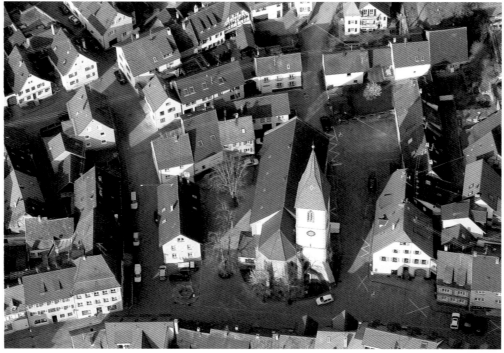

Er zählt zu einem der freundlichsten Bürger Endingens. Seine Familie ist intakt. Sein Rat oftmals gefragt. Nur die ältere Generation Endingens weiß, mit wem sie es zu tun hat. Seine Vorfahren haben in den geschichtlichen Ereignissen Endingens Spuren hinterlassen, die sich bis in die heutige Zeit manifestieren.

Da lebt in einem bescheidenen, aber schmucken Haus die Familie Alois Burkhard. Das Familienoberhaupt (geb. 1935) erlernte den Beruf des Gerbers, denn die damalige Lederfabrik Lösch versprach allen Endingern ein gutes Einkommen. Im Industriezeitalter sollten sich die Arbeiter und Angestellten einen angepassten Lebensstil leisten können. Auch sein Vater Wilhelm Burkhard (1906 - 1963) arbeitete seit Jahren an der Veredlung des Leders, wenn er auch tagelang einer anderen, makaberen Tätigkeit nachging, für die ihn die Firmenleitung freistellen musste.

Die Familie Wilhelm Burkhard hatte drei Kinder zu versorgen. Aus Alois Ehe gingen zwei Buben und zwei Mädchen hervor. Obwohl der Familienvater heute im Ruhestand ist, bewirtschaftet er noch seine Reben, sowie einen Gemüse- und Obstgarten.

Niemand würde bei dem gut gelaunten Mann vermuten, dass er aus der berühmten Endinger Scharfrichter-Familie Burkhard kommt. Sein Vater Wilhelm musste die letzte Amtshandlung als Scharfrichter im Jahre 1949 in Rastatt vornehmen.

Mit diesem „Knopfdruck in die Ewigkeit" fand die Dynastie der Endinger Scharfrichter, die man bis in das frühe 16. Jahrhundert zurückverfolgen kann, ihr Ende. Niemals, so versichert Alois Burkhard, hätte er die Dynastie der „Carifer", wie man die Scharfrichter hierzulande nannte, fortgeführt. Mit Recht möchte er deshalb nicht mit einer Kollektivschuld belastet werden. Er ist von seinen Eltern zu einem Menschen erzogen worden, der im christlichen Sinne zu handeln hat. Wenn er im Endinger Stadtmuseum das reich verzierte Richtschwert von 1650 in den Händen hält, dann verstummt sein Wort.

DER CARIFER

Ich stehe mit ihm am Marktbrunnen. Wir starren in das trübe Wasser. „Jetzt", ruft Wolfgang Koch und fährt mit dem Zeigefinger so temperamentvoll in das Wasser, dass wir beide nass gespritzt sind. Wir benehmen uns anscheinend wie die Kinder, denn nach und nach kommen die Neugierigen, sehen in den Brunnen, begutachten uns, schütteln den Kopf und gehen wieder. Das Wasser ist so trüb, dass man befürchten muss, das schlafende „Jokili" nicht mehr sehen zu können. „Es kommt nur auf den Winkel der Sonneneinstrahlung an", stellt Wolfgang Koch fest. Die nächste Wolke gibt die Sonne frei, das „Jokili" wird tief unten im Brunnen sichtbar.

Wolfgang Koch, der die einzige Buchhandlung in Endingen betreibt, ist ein gefragter Mann. Überall weiß man seine Meinung zu schätzen. Kein anderer hat sich mit der Tradition der örtlichen Fasnet und deren Geschichte so beschäftigt, wie er.

Für ihn müsste man eine neue Berufsbezeichnung erfinden: „Fasnet-Buchhändler". Wolfgang Koch hätte diesen Titel verdient. Er ist ein Kenner der Fastnachts-Literatur und bietet zu diesem Thema rund 500 verschiedene Titel aus seinem Antiquariat an. Aus der ganzen Welt kommen Buchanfragen. In acht Ländern hat er bereits 800 Stammkunden.

Die Fasnet, wie man im Alemannischen sagt (ansonsten Karneval, Fasching, Fastnacht) wurde Wolfgang in die Wiege gelegt, denn sein Urgroßvater war bereits Zunftmeister im damaligen Narren-Kollegium und Elferrat. Wolfgang Koch setzt sich beispielhaft für die Erhaltung der Kaiserstühler Traditionen ein. Wer sich mit der geschichtlichen Entwicklung des Kaiserstuhls - insbesondre von Endingen - beschäftigt, wird sich bei ihm Rat holen. 1966 wurde er geboren, lernte zunächst - der Tradition des Hauses entsprechend - Buchbinder. Mit diesem Beruf steht er in der fünften Generation der Meister dieser Kunst in Endingen.

Er ist kein engstirniger Traditioneller, aber er weiß, dass Tradition nur dann lebt, wenn sie nicht zur Alltäglichkeit verkommt. Deshalb setzt er sich dafür ein, dass das Jokili-Gewand und die Larven (Masken) nur während der Fasnetzeit getragen werden. Fasnet beginnt dann, wenn das Jokili aus dem Brunnen geholt wird (Schmutziger Donnerstag/ Weiberfasnacht) und endet, wenn man es wieder versenkt (Fasnetdienstagabend). In der Zwischenzeit findet man Wolfgang Koch in seiner Buchhandlung oder in den Archiven stöbernd.

Ein bescheidener Mann, ohne dessen stilles Wissen ein Rad im Uhrwerk des Kaiserstuhls fehlen würde.

DER BÜCHER-NARR

Als ich sie noch nicht kannte, bewunderte ich bereits das Ehepaar, das in sein gewaltiges Haus hinter dem Rathaus, Balken schleppte, Steine trug, Fässer wälzte, Wagenräder rollte, Stühle schob ...

Sie können es nicht verleugnen, sie gehören zu dem Volk der Sammler.

Er, grauhaarig mit gepflegtem Bart, dessen Gesicht meistens ein buddhahaftes Lächeln umspielt, der ruhig seine sonore Stimme einzusetzen weiß, stets Pullover tragend und auf sein Äußeres wenig Wert legend, setzt auf die inneren Kräfte, die er in seiner Bescheidenheit unaufdringlich zu vermitteln weiß.

Sie, heitere Gelassenheit mit spitzbübischen Augen, deren Leuchten eine Brille markant unterstützt, spricht bedächtig und hat stets zwei offene Ohren für die Sorgen anderer, die sie zu knacken versucht.

Aber auch Nussknacker brauchen einmal Urlaub. So fuhren Regina und Dr. Manfred Müller, einstmals Physiker von Beruf, mit den Kindern Anna und Martin sowie der Oma im Jahre 1998 in den Schwarzwald. Bei einem Ausflug kamen sie zufällig durch Endingen. Als sie das Königschaffhausener Tor durchschritten, stockte ihnen der Atem. Die historische Häuserfront nahm sie in ihren Bann. Besonders angetan waren sie, als sie hinter dem Rathaus ein sehr altes, halb verfallenes Haus entdeckten, das nahezu im Sterben lag. Beide waren sich einig: Wenn es zu kaufen ist, werden wir es historisch getreu restaurieren und möglichst viele Arbeiten dabei selbst ausführen.

Es war zu kaufen und im Namen der Gemeinde führte der Bürgermeister die Veräusserungsgespräche. Die Skepsis des Bürgermeisters und einiger Endinger Bürger war unüberhörbar. Doch das spornte die beiden erst recht an und aus der Ruine wurde im Verlauf der Zeit eines der schönsten Bürgerhäuser Endingens.

Sie haben aber nicht nur das Haus vor dem Verfall gerettet, auch eine angrenzende Scheune, die in Endingen unter dem Namen „Müller Scheune" zum Inbegriff für anspruchsvolle kleine und feine Kulturveranstaltungen geworden ist. Die Familie Müller ließ hier den guten Geist der früheren Hauskultur aufleben. Ihre Scheune mit angrenzenden Innenhof ist Treffpunkt für Ausstellungen, Chansonabende, Hauskonzerte, szenische Lesungen und die „Gerichtsbarkeit" für das Stadt-Erlebnis-Spiel geworden.

Im Städtchen bewundert man die Müllers und ihre Privatinitiative. Doch Manfred und Regina Müller möchten mit ihren Kindern Anna und Martin nicht Vorbild sein, sondern sich für das revanchieren, was sie an Positivem durch die Bevölkerung empfangen haben und empfangen.

Zum Erntedankfest 2004 schenkte man den Müllers einen Korb Walnüsse, nicht vergessend darauf hinzuweisen, dass man noch viele Nüsse zu knacken hätte. „Gemeinsam knacken wir sie alle", gibt Manfred Müller zur Antwort und schüttet sie auf einen großen Tisch zum Trocknen. „Probleme muss man reifen lassen, dann lösen sie sich manchmal von selbst". Und siehe da, am nächsten Morgen hatten sich bereits einige Nüsse von selbst geöffnet.

DIE NUSSKNACKER

Ein Apotheker zählt immer zu den Persönlichkeiten einer Stadt. Auch in Endingen. Hier gibt es allerdings drei Apotheken, aber keine macht der anderen den Rang streitig.

Wenn ich nachfolgend jedoch den Apotheker Dr. Hans-Erich Schött hervorhebe, so geschieht dies deshalb, weil er schon zu Lebzeiten zu einer Ikone wurde.

Sein Name ist eng verbunden mit den Protesten gegen den Bau des Atomkraftwerkes Wyhl. Der Gemeinderat des kleinen Dorfes Wyhl stimmte dem Vorhaben am 18. Juli 1973 zu. Dieser Beschluß mobilisierte die Bewohner des Kaiserstuhls und der umliegenden Gemeinden. Es war die Geburtsstunde der europäischen Umweltschutzbewegung.

Einer der damals neutral und sachlich seine Stimme gegen die Errichtung des Atomkraftwerkes erhob, war der Apotheker Dr. Schött. Man hörte mit Spannung einem Mann zu, der nicht das Politiker-Deutsch sprach und man spürte, dass er ein Kaiserstühler war: Winzer und Landwirt, Lebensmittelchemiker und Apotheker und vor allem Familienvater.

Die Parteien wurden hellhörig. Die erste, die ihm das Angebot machte, sich als Abgeordneter nominieren zu

lassen, war die FDP. Zwei Tage vor der Kandidatenaufstellung sagte er zu und gewann auf Anhieb einen Sitz im Landtag. Er setzte neue Impulse, war ein leidenschaftlicher Kämpfer gegen den damaligen Ministerpräsidenten Filbinger und bot seinem Nachfolger, Lothar Späth, eine faire Zusammenarbeit an. „Heute haben wir den Anfang gemacht", sagte Späth und umarmte ihn im Stuttgarter Landtag vor laufenden Kameras.

Als Dr. Schött die feste Zusage hatte, dass die Pläne für ein Atomkraftwerk ad acta gelegt werden würden - in der Zwischenzeit vergingen acht Jahre - legte der „Wilde vom Rhein" sein Mandat nieder und widmete sich wieder den Aufgaben in Endingen.

„Eine erstaunliche Konsequenz", kommentierte die „Badische Zeitung" vom 12.02.1984. Doch der Held von damals wurde bei den Medien vergessen. Als die Presse im Jahre 2005 an den Baustopp vor 30 Jahren erinnerte, geschah dies ohne Erwähnung seines Namens.

Aber Dr. Schött steht immer noch mit einer ungebrochenen positiven Lebensfreude hinter dem Ladentisch seiner Apotheke, die in einem der schönsten Barockhäuser Endingens zu finden ist.

Nach Feierabend steigt der lebenserfahrene Mann gerne

auf sein Sartori-Türmchen - ein Recycling-Produkt, das seine Vorfahren aus den Steinen des 1844 abgebrochenen Riegeler Tores bauten - und genießt den schönen Blick auf sein Endingen.

DER ABGEORDNETE

Viele bezeichnen sich als Endinger. Wenige sind es. Er ist es tatsächlich. Dr. Franz-Josef Vollherbst, der seine Familie bis ins Jahr 1530 zurückverfolgen kann.

Ein Mann, der am liebsten Endinger alemannisch „schwätzt", weil er damit „seine Seele transportieren" kann. Ein Mann, der schon aus beruflichen Gründen ebenso hochdeutsch spricht.

Dr. Vollherbst begegnet man im Städtchen mit Respekt. Er ist der vielseitig engagierte Unternehmer. In seinem einhundertzwanzig Personen umfassenden Betrieb stellt er seit Jahrzehnten Weinetiketten her. Keine alltäglichen. Seine Etiketten tragen den Siegel für eine hochwertige Ausführung in bester Druckqualität. In seinem Designstudio entstehen die „Étiquettes" für die internationale Weinwelt. Man prägt, lackiert, veredelt, bronziert, vergoldet. „VollherbstDruck + Design" ist ein Begriff. Fortschritt wird nur dann zum Fortschritt, wenn man den Fortschritt praktiziert: ... einer, der 'den Zug der Zeit' als erster erkannte. Dafür steht sein Name als Spitze der Bewegung.", schrieb 1994 Designprofessor Olaf Leu.

Dieser berufliche Erfolg stellt eine Herausforderung dar, die er ohne sein künstlerisches Engagement, das ihm die nötigen Inspirationen gibt, nicht bewältigen könnte. So widmet er sich, wie schon seine Eltern, der ursprünglichen Volksmusik seiner Heimat sowie aus der alpenländischen Region. Das Musizieren auf diatonischer Ziha und Gitarre leitet ihn im alltäglichen Leben an, nicht nur den Intellekt zu benutzen, sondern auch den Bauch.

Als Jokili wurde er geboren und Jokili ist er heute noch, obwohl er 2005 zum Oberzunftmeister der „Endinger Narrenzunft 1782" gewählt wurde. Das höchste Amt in dieser respektablen Zunft.

Selbst dem Theater gilt seine künstlerische Zuneigung. So schrieb er in den Jahren 1982 und 2000 zwei Bühnenstücke zur Geschichte der Endinger Fasnet und der Narrenzunft, die beide mit großem Erfolg aufgeführt wurden.

Wenn man diesem Mann aus dem Heute gegenüber steht, muss man den geradlinigen Blick seiner dunklen Augen aushalten, die einem zum Schweigen oder zum Reden zwingen. Er weiß es zu bewerten, wenn sein Gegenüber dem Blick standhält. Dr. Franz-Josef Vollherbst schätzt das Zwiegespräch, vielleicht sogar die Konfrontation, aus der eine Kommunikation entstehen kann. Er braucht den Dialog und fordert ihn, als Endinger, als Badener, als Baden-Württemberger, als Deutscher, als Europäer, als Weltbürger, immer wieder heraus.

DER ENDINGER

ADRESSEN FÜR WEITERE INFORMATIONEN:

Bürgermeisteramt Bahlingen,
Webergässle 2, D-79353 Bahlingen a.K.,
Tel. 07663-9331-12, Fax: 07663-9331-30,
gemeinde@bahlingen.de, www.bahlingen.de

Bürgermeisteramt Bötzingen,
Hauptstr. 11, D-79268 Bötzingen,
Tel. 07663-9310-14, Fax: 07663-9310-33,
gemeinde@boetzingen.de, www.boetzingen.de

Breisach-Touristik,
Marktplatz 16, D-79206 Breisach a. Rh.,
Tel. 07667-9401-55, Fax: 07667-9401-58,
breisach-touristik@breisach.de, www.breisach.de

Bürgermeisteramt Eichstetten,
Hauptstr. 15, D-79356 Eichstetten a.K.,
Tel. 07663-9323-11, Fax: 07663-9323-32,
gemeinde@eichstetten.de, www.eichstetten.de

Kaiserstühler Verkehrsbüro,
Adelshof 20, D-79346 Endingen,
Tel.: 07642-6899-90, Fax: 07642-6899-99,
info@endingen.de, www.endingen.de

Wein & Touristik e.V.,
D-79346 Endingen-Kiechlinsbergen,
Tel. 07642-40935 u. 7619, Fax: 07642-921751,
gerdazwigard@gmx.de

Kaiserstuhl-Touristik Ihringen,
Bachenstr. 38, D-79241 Ihringen,
Tel. 07668-9343, Fax: 07668-7108-51,
tourist.info@ihringen.de, www.ihringen.de

Gemeindeverwaltung Riegel,
Hauptstr. 31, D-79359 Riegel,
Tel. 07642-9044-0, Fax: 07642-9044-26,
rathaus@gemeinde-riegel.de,
www.gemeinde-riegel.de

Bürgermeisteramt Sasbach,
Hauptstr. 15, D-79361 Sasbach a. K.,
Tel. 07642-9101-0, Fax: 07642-9101-30,
rathaus@sasbach-am-kaiserstuhl.de,
www.sasbach-am-kaiserstuhl.de

Touristik-Information-Vogtsburg,
Bahnhofstr.20, D-79235 Vogtsburg-Oberrotweil,
Tel. 07662-94011, Fax 07662-81246,
info@vogtsburg.de,
www.vogtsburg-im-kaiserstuhl.de

Tourismus & Wein Achkarren i.K. e.V.,
Schlossbergstr. 22, D-79235 Vogtsburg-Achkarren,
Tel. 07662-8224, Fax: 07662-8250

Verkehrsverein Bickensohl,
Im Riedgarten 15, D-79235 Vogtsburg-Bickensohl,
Tel. 07662-9499591 oder 6470,
Fax: 07662-947940

Bischoffingen-Touristik e.V.,
Talstr. 5, D-79235 Vogtsburg-Bischoffingen,
Tel. 07662-8484, Fax: 07662-947676

Burkheim Touristik e.V., Winzerstr. 12 a,
D-79235 Vogtsburg-Burkheim,
Tel. 07662-9393-0 oder 9477, Fax: 07662-947788

Oberbergen Touristik e.V.,
Badbergstr. 9, D-79235 Vogtsburg-Oberbergen,
Tel.: 07662-6223, Fax: 07662-949647

Touristik Oberrotweil i.K. e.V.,
Marktstr. 9 , D-79235 Vogtsburg-Oberrotweil,
Tel. 07662-566, Fax: 07662-935787

Touristik, Wein und Natur Schelingen i.K. e.V.,
Kinziggasse 9, D-79235 Vogtsburg-Schelingen,
Tel.: 07662-1050, Fax: 07662-6090

KAISERSTÜHLER RESTAURANTS UND HOTELS

(ohne Wertung)

Achkarren, „Krone"

Jechtingen, „Sonne"

Sasbach, „Löwen"

Ihringen, „Rebstock"

Amoltern, „Sonne"

Endingen, „Sonne"

Bötzingen, „Zur Krone"

Breisach „Hotel am Münster"

Burkheim, „Kreuz-Post"

Endingen, „Schindlers Ratsstube"

Endingen, „Schützen"

Eichstetten, „Zum Ochsen"

Oberrotweil, „Bären"

Endingen, „Rebstock"

Endingen, „Hotel Pfauen"

DANK FÜR DIE FREUNDLICHE UNTERSTÜTZUNG UND MITARBEIT AN:

Roland Baecke, Endingen
Ellen Baumann-Kopf, Bötzingen
Prof. Dr. Ulrich Beer, Eisenbach
Gerhard Breisacher, Bahlingen
Klaus Burger, Endingen
Deutsches Weinbauinstitut, Mainz
Anna Engist, Schelingen
Uwe Fahrer, Breisach
Landrat Dr. Glaeser, Freiburg
Dr. Claudia Glöckner, Genthin
Hartmut Glöckner, Genthin
Christian Göbert, Jechtingen
Matthias Hollerbach, PLENUM Freiburg
Landrat Hurth, Emmendingen
Winzerhof Hans-Peter Linder, Endingen
Gerda Kauschat, Endingen
Wolfgang Koch, Endingen

Heinrich Laas, Endingen
Franz Lederle, Endingen
Prof. Dr. Klaus Lessmann, Essen
Lothar Mergele, Endingen
Mechthild Michels, Riegel
Dr. Manfred Müller, Endingen
Regina Müller, Endingen
Carola Mutschler, Kiechlinsbergen
Andreas Neymeyer, Endingen
Dr. Diana Pretzell, PLENUM Freiburg
Karl Ruh, Endingen
Weingut Leopold Schätzle, Endingen
Clemens Sexauer, Endingen
Gerdi Staiblin, Königschaffhausen
Dr. Thomas Steffen, Nimburg
Vario Foto Ringwald, Emmendingen
Dr. Franz-Josef Vollherbst, Endingen

Alle Bürgermeister und Ortsvorsteher des Kaiserstuhls.
Viele ungenannte, stille Helfer.

BILDNACHWEIS

Der Verlag konnte in einzelnen Fällen die Inhaber der Rechte an den reproduzierten Fotos nicht ausfindig machen. Er bittet, ihm bestehende Ansprüche mitzuteilen.

Abbildungen auf Seiten: 8, 10, 13, 51, 87, 95, 97, 106, 107, 114, 130, 142, 161, Titelseite Untergrund, Mit freundlicher Genehmigung von:
Ballonteam Norbert Blau
Gewerbestr. 17, 79194 Gundelfingen
Tel.: 0761-582542, Fax: -589721
www.kaiserstuhl-breisgau.de

Abbildungen auf den Seiten: 23, 25, 26, 27 (links unten)
Mit freundlicher Genehmigung des Kaiserstühler Verkehrsbüro, 79346 Endingen, Adelshof.

Abbildungen auf der Seite: 37 (Trauben)
Mit freundlicher Genehmigung von Staatliches Weinbauinstitut Freiburg

Abbildungen auf der Seite: 38
Mit freundlicher Genehmigung von PLENUM „Naturgarten Kaiserstuhl", Matthias Hollerbach, Freiburg Landratsamt

Abbildungen auf den Seiten: 160, 121
Mit freundlicher Genehmigung von Foto Studio Kessler, 79346 Endingen, Hauptstr. 50

Abbildungen auf der Seite: 104
Mit freundlicher Genehmigung von Fritz Keller, Gasthaus „Adler", Oberbergen

Abbildungen auf der Seite: 150
Mit freundlicher Genehmigung von Jean Jeras, Niederrotweil

Abbildungen auf den Seiten: 27, 28 (ein Teil)
Mit freundlicher Genehmigung von Dr. Claudia Glöckner, Genthin

Abbildungen auf den Seiten: 6, 29, 30, 31, 119, 165
Mit freundlicher Genehmigung von Annette Greve, 79346 Endingen

Abbildungen auf der Seite: 47
Mit freundlicher Genehmigung von Klaus Spürkel, „Kumedi", Riegel

Abbildungen auf der Seite: 98
Mit freundlicher Genehmigung von Jürgen Schüßler, Gasthaus „Krone", Achkarren

Abbildungen auf der Seite: 48
Mit freundlicher Genehmigung von Telemach Wiesinger, Riegel

Abbildungen auf der Seite: 141
Mit freundlicher Genehmigung von Gerdi Staiblin, Königschaffhausen

Abbildungen auf der Seite: 158
Mit freundlicher Genehmigung von „Badische Zeitung", Emmendingen

Alle übrigen Abbildungen: Georg A. Weth, Endingen

Ballonteam
Norbert Blau

LITERATURNACHWEIS

„Der Breisgau", 1941, Haus Badische Heimat, Freiburg

Kark Kurrus/Wolfgang Batin, „Lebensfroher Kaiserstuhl", 1991, Rombach, Freiburg

Knut S.Jaeger, Badischer Kuriositätenführer", 1982, Athenäum, Königstein/Taunus

Peter Hauk, „Der Kaiserstuhl", 1992, G. Braun, Karlsruhe

Walter Vetter, „Kaiserstuhl" 1989, Rombach, Freiburg

Achim Käflein,"Kaiserstuhl", 1991, Kehrer, Freiburg

Otti Wilmanns, „Der Kaiserstuhl", 1989, Ulmer, Stuttgart

Gerhart Vanoli, „Der Kaiserstuhl", 1968, G.Braun, Karlsruhe

Claus Clorer, „Breisach und der Kaiserstuhl", 2003, Nautor Buchhandlung, Breisach

Adolf Futterer, „Achkarren", 1969, Gemeinde Achkarren

Bernhard Oechger, „Endingen", 1988, Stadt Endingen

Thomas Steffens, „Eichstetten" (2 Bände), 2000, Gemeinde Eichstetten

Gerhard A. Auer, „Bahlingen", 2002, Gemeinde Bahlingen

Carlheinz Gräber, „Der Kaiserstuhl und Tuniberg", 1976, Südwestdeutsche Verlagsanstalt, Mannheim

Max Rieple, „Sagen und Schwänke vom Oberrhein", 1995, Südverlag Konstanz

Willi Merkle, „Bomber Charlies Fall am Kaiserstuhl", 2004, Selbstverlag

Karl Kurrus, „Blib eso!", 1988, Schauenburg Verlag, Lahr

Jürgen H. Koch, „Anna Schnidewind", Sonderdruck

Jörg Wickram, „Das Rollwagenbüchlein", 1955/1962, Insel Verlag

Thomas Kaiser, „Der Kaiserstuhl", 1997, G. Braun, Karlsruhe

Dieter Kohlhepp, „Kaiserstuhl und Tuniberg", 1983, Rombach, Freiburg

Alemannisches Institut, „Der Kaiserstuhl", 1939, Troemers, Freiburg

Badischer Landesverein, „Der Kaiserstuhl", 1933, Selbstverlag, Freiburg

Hermann Schäfer, „Der Isteiner Klotz", 1966, Rombach, Freiburg

Hermann Schäfer, „Sagen aus Südbaden", 1987, Sonderausgabe „Badische Zeitung"

Hermann Schäfer, „Märchen aus Südbaden", 1990, Sonderausgabe „Badische Zeitung"

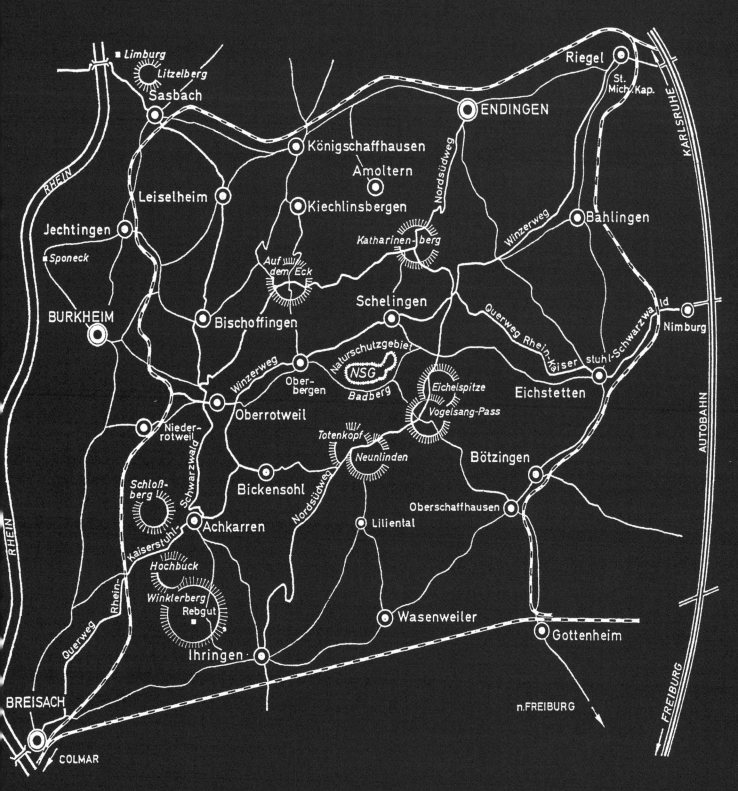

1